育ジ～ジがやってくる

はたらくママたちへ

菅谷洋司 Sugaya Yoji

東方出版

まえがきにかえて——育ジージはあなたのそばに

仕事ばかりで家にほとんどいなかった熟年の男が、離れて住む息子とフルタイムではたらく奥さんのお助けマンになり、七年間ふたりの孫娘が病気で保育園を休んだりする時に、「育ジージ」として子育てをしました。その経験で学んだことを書いてみました。

子どもは保育園に入れたけれど、インフルエンザにかかったら誰が面倒をみるの？　登園禁止の間ずっとは会社を休めないわ。保育園から発熱したから急にお迎えと言われても……。誰か保育園にお迎えに行って！

はたらくママさんへ。お助けマンが、あなたのすぐそばにいます。

子育てに専念しているけど、日々、勝手気ままになる子どもをどう育てたらいいのかしら？　子どもに愛情は感じながらも、時おり孤独感に襲われる専業主婦ママさん。

あなたのすぐそばに、お助けマンがいます。私が感じ取った子どもたちの心をありのままにお伝えします。

急に「病気の孫の面倒をみてくれ」と頼まれたおじいちゃんたち。

子育てに疲れたおばあちゃんは今さらやりたくないと言うし、どうしたらいいのだろう？おむつも替えたことがないのに。あなたと同じ悩みを解決しながら、孫たちの面倒を立派にみてきた団塊の同世代がアドバイスを差し上げます。

そうです。私はみんなの子育てお助けマン、人呼んで、「育ジージ」。あかちゃんの首がすわるまでは、「ベビージッター」とも呼ばれています。

あいかわらず残業に追われる日本の社会では、イクメンは夢のまた夢。あなたのそばにいる身近な人材を「育ジージ」に育成してはいかがですか？

はたらくママたちはこの本を「育ジージ」候補生（カデット）に読ませてください。専属のイクメン養成にだって役に立ちます。

ふたたび孤独感に悩む専業ママのみなさん。あなたの悩みを解決するヒントが育ジージの常識破りの子どもとの付き合い方にあるかもしれませんよ。

「バーバ」と孫たちが呼ぶことを拒否して、自分をファーストネームで呼ばせている素敵な「おばあちゃま」たち。ぜひ、この本を買って、家でごろごろする産業廃棄物のような亭主に読ませてください。孫たちの「育ジージ」を育成すれば、あなたが自由にできる時間がさらに拡大します。昔は素晴らしかった彼氏に若さが戻るかもしれません。

そして、私に語りかけてくれた子どものみなさん。おおきくなったら、この本を読んでください。変なおじいさんがいたことを思い出してください。自分たちが幼い時に望んでいたことを思い出し、世界の子どもたちが育っていく手助けができるいい育ジージ、育バーバになってください。

それでは「育ジージ」物語のはじまり、はじまり。

●目次

第2部　育ジージマニュアル

第1部　育ジージの出番は突然やってくる

かりんちゃんが吐いた

育ジージの出番

「お父さん、かりんが吐きました」。

離れて住む長男の妻の礼子さんから朝七時すぎに電話が入った。いつもの冷静な声だった。十二月八日の月曜日。そろそろインフルエンザが流行り始めていた。一歳半の孫娘「かりん（花梨）」の通う保育園では水ぼうそうも出ていた。

息子夫婦は同じ職場で知り合い、結婚。息子はその後転職したが、礼子さんはふたりの子育てをしながらはたらき続けている。一年間の育児休暇が終わり、二人目の子どもが保育園に行き始めてから八カ月になる。

いずれにしろ、育ジージの出番がまた突然やってきた。子どもたちが病気になり、親が会社を休むのがむずかしい場合に、祖父である私が孫たちの面倒を見始めて、すでに六年になろうとしていた。「おなかの風邪だろうから、二、三日でまあ元気になるだろう」と思っていたが甘かった。それぞれの職場で、フルタイム勤務の息子夫婦が冬休みを迎える直前まで、十二月の大半を私は「育ジージ」として過ごすことになる。

「育ジージ」と私はプライドを持って自分をそう呼ぶ。孫などの面倒をみる好々爺のおじいちゃんではない。「育ジージ」は、救急車を運用する消防隊員にも匹敵する立派な仕事をこなしている　救急車は幼児語でピーポピポ。キュキュチャとも呼ぶ。私はピーポピポマン、知る人ぞ知る「育ジージ」なのだ。

息子の住む賃貸マンションは私の住むマンションから五キロあまり。車なら十分ちょっとで着く。朝ご飯も食べず私はホンダのフィットのハンドルを握った。家でゴロゴロしているダメ爺から育ジージに変身する瞬間だ。後部座席には孫娘ふたりが利用するベビーシートとチャイルドシートがいつも備え付けられている。

変身と言ってもウルトラマンのように「ガイア！」と叫べば、あっという間に姿を変えることができるわけではない。相変わらず見栄えのしない普段着にスニーカー。だが、普段は使わない小さな育ジージバッグを肩から斜めにぶら下げれば、心はすっかり育ジージに変身なのだ。

小さなバッグには複数のハンカチ、ティッシュペーパー多数と財布が入っている。財布には必ず百円玉を五個ぐらい。息子宅の鍵もいつも入れてある。鍵を忘れると、着いたときには親がいるので家の中に入れても、当然だが外出することができなくなるので要注意だ。親から鍵を預かるのは、なにか予想がつかないことが起きると親たちが対応できないので厳禁。育ジージ専用の鍵は必ず用意してもらおう。

この日は七時四十分にピーポピポマンは現場に到着。すぐに息子の妻、かりんちゃんのママに話を聞く。

「お父さん」と礼子さんは話を始めた。私はちょっとした医師のような気分で話を聞く。「朝起きたら、すぐに吐きました。熱はありません。元気です」。私はおもむろにかりんちゃんの顔を見て、「あっかんべー」をする。彼女もいつものように、「べー」と応えるが、心なしか、少し元気がない。食卓にはかじりかけの食パンがある。

ところで、息子の奥さんは私を「お父さん」と呼ぶ。三十代半ばの息子は、私を幼い頃から、「パパ」と呼んでいた。「お父さん」と呼ばれたのは、七年前に、初孫娘のあかり（朱莉）誕生の前頃が初めてだった。何となくこそばゆかったが、今は慣れた。初孫はふたりの結婚式の四カ月後に生まれている。

それはともかく、昨日までは元気だったのだが、朝になって突然吐いたというのだ。私はまずかりんちゃんの顔色を見る。それほど悪いとは思えない。下痢はまだしていない。とりあえず、安静にしようということで病院には連れて行かないことになった。食欲はあまりないが、水分さえ摂れていれば問題はない。熱もない。

三十分後、六歳の孫娘あかりちゃんと礼子さんは家を出て保育園へ行った。勤務開始時間の早い息子はとうの昔に家を出ている。

さていよいよ、育ジージが仕事を開始。その任務とはなにしろ一緒にいることなのだ。かりんちゃんは朝ご飯をあまり食べていない。でもそれは当たり前。何しろ吐いたのだから。

まず、NHKのEテレのスイッチを入れる。スイッチと言っても、パソコンのテレビだ。

私はNHKをほとんど見ないが、Eテレは別。かりんちゃんの横に座って、一緒に「おかあさんといっしょ」をみる。これがなんとも言えず新鮮。三十年以上前に見た内容とキャラクターは変わってもそれほどの違いはない。当時は「こんな子どもだましの番組を教育テレビが流して」と思ったものだが、今は孫娘とふたりだけで過ごす十二時間近くの時間の一部を消化してくれる貴重なお助け番組だ。

テレビを見終わったかりんちゃんが三十分もしないうちに、椅子から降りようとして、抱っこしてほしいと手を差し伸べてくる。朝ご飯を食べれば、遊びの時間。普段は「だっこして」などとはせがまない。勝手にひとりで降りる。やはり調子がよくない。

かりんはほほを私の顔にすりつけている。鼻水も少し出ているようだ。咳はしていないが、インフルエンザの風邪であればどんな予防措置をとっても、感染する可能性が極めて高い濃厚接触の状態が続く。しかし、それを避けることはできない。消防士が燃えさかる炎に向かって行くようなもの。ピーポピポマンは抱っこを続けるしかない。

木枯らし吹く外の景色をかりんちゃんに見せる。彼女は、賃貸とはいえ立派な木が目の前に植わった庭を見るのが好きだ。抱っこしながら、体を揺らす。私のやり方は上下動なしで、腰を軽くツイストさせる。そうすると子どもも自然と上下動なしで少し体を行ったり来たりすることになる。その子に合った体の揺らし方があるのだろうが、私はこれが楽なのでこうしている。

五分もしないうちにかりんは眠ったようだ。ゆっくりと足下を確認しながら、ベッドに抱っこしたまま連れて行く。上下動を少なく、ゆっくりとゆっくりと無言で……。

何しろ眠らせること

抱っこしたまま、自分がベッドに仰向けに横になる。これからがむずかしい。なんとかかりんを胸の上から横に転がして、ベッドにひとりで寝させなければならない。子どもはサルと同じなのだろうか。胸と胸を合わせた状態で直立して抱っこされる姿勢を好むようだ。仰向けにひとりで寝ることはある意味で無防備になることを本能的に知っているのだろう。

ゆっくりと左肩から体を回して行く。少しでもぐずれば、ただちに動きを止める。私はそのような場合、小さな声で「大丈夫、大丈夫」と言う。ゴロっと向きを変えると、時に目を開けて泣き出すこともある。そんな時は、最初からやり直す場合もあるが、その日はあっけなくかりんちゃんはベッドに寝たまま転がった。やはり相当しんどいのだろう。

眠りを深くするために、手を握って、肩の辺りをトントンと軽くリズミカルにたたく。たたくと言っても、豆腐をたたいても崩れないぐらいの軽さだ。

カピバラのあかちゃんを知っているだろうか。お尻を軽くたたいて、さするとすぐに陶酔状態になって眠る映像がユーチューブでたくさん流れている。「カピバラ」を動画でグーグルすればすぐにヒットする。体重四十キロを超える大人のカピバラたちも同じ。人間の子どもも動物だから、このトントントンが意外と子どもを安心させる。だめな場合には、抱っこしたまま、仰向けに寝て、自分と子どもの胸をあわせて眠りが深くなるのを待つしかない。

一歳から三歳までの幼児の平均睡眠時間は一日十二から十四時間。お昼寝は保育園では、ゼロ歳児の場合は午前中一時間、午後三時間ぐらい。朝起きてすぐに眠るのは体調が悪い証拠だ。目覚めはかりんちゃんの場合、突然泣き出して起きる場合も、何事もなかったかのように、むくっと起き上がる場合もある。朝寝はまれにしかしない。

かりんの寝息は静かだった。一度だけ、ぐずって起きそうになったが、トントンをやりながら、手を軽く握ってやるとすぐに再び眠りについた。病気のときは何しろ眠らせること。こんこんと眠る姿を見ると心配になるけど、子どもは体内でばい菌と闘っている。大人の想像以上に重労働をしている。眠っては起きて、水を飲んでまた寝る。それの繰り返し。その時には私も寝転がって本を読もうなどと欲張らずに、ひたすら添い寝をして体力を温存する。

この日、かりんはなんと朝九時前に寝た。そして、十一時前に自分で起きた。昼になったが、私が作ったおかゆにほとんど口をつけなかった。熱はない。でもかなり機嫌が悪い。「ママ、ママ！」と言っているかりんを抱っこしているうちにまた寝てくれた。

午後三時前に泣くこともなく、かりんがひとりで起きた。三時間近い睡眠時間だ。つぶらな瞳をぱっちり開け、すぐに閉じた。まだ寝るのかなと思ったとたんに、すくっと起き上がった。

ベッドの端まで来て「だっこ」という仕草をする。抱っこして朝のスタート地点のダイニングに戻る。隣の畳の部屋でおむつを替える。だいたい一時間に一回は必ずおしっこをする。このときはウンチもしていた。ころころとしたいいウンチだった。下痢はしていない。機嫌はいい。これなら大丈夫と思った。「ばあー」と呼びかけて、リンゴの皮をむいた。かりんちゃんは少し食べた。お茶も飲んだ。そして、また寝た。

母親が姉のあかりを保育園でピックアップして、家に戻ってきたのが夜の七時すぎ。とりあえず、その日の「育ジージ」の仕事は終わった。

かりんはその夜、三十七度台後半の熱が出た。

また吐いた!

翌日も当然、育ジージは出動。朝、七時半には息子宅に到着した。かりんちゃんは起きていた。機嫌はあまりよくない。熱は下がっていた。通称「おなかの風邪」は高熱が一度だけ出るが、すぐに下がることが多い。

上の孫娘あかりちゃんと礼子さんがいつものように、保育園へ。幸い、あかりには感染していないようだったので一安心。

まずはEテレの助けを借りる。八時すぎからは、母親が家事に専念できるように、幼児番組が放送されている。朝、孫たちは忙しくて見る機会はめったにないので、かりんちゃんは画面で踊るお姉さん、お兄さんや動物のキャラクターたちに釘付けになる。しかし、この日は何となく見ている感じで、笑顔もあまり見えない。

おなかもすいているだろう。のども乾いているに違いない。冷蔵庫を開けて「牛乳?」と尋ねる。うん、うんと頭を軽くたてに振る。牛乳をまず一杯。パンを一口食べさせた。機嫌はいい。その後は、昨日に続いて朝から抱っこ。するとすぐに寝た。まだ八時半を回った頃だった。

私は添い寝をしながら、アイフォンでメールとニュースをチェックした。そして、厚手の鍋に大量の水と米粒を大さじ一杯と少量の塩を入れ、とろ火でことこと煮はじめた。「おなかの風邪」用の緊急非常食の完成だ。二時間ほどしてかりんが起きた。おかゆはだいぶ前に出来上がっていた。

かりんはご機嫌だった。少し遊んでから、テーブル付きのベビーチェア(ハイローチェア)に座ってもらった。テーブルには、好きなミカンも並んでいた。その時、突然ドバっと白いゲロが口から吹き出た。吹き出たというよりも、何となく満水になったバケツから水があふれた感じだった。

よく映像で見る大人が「吐く」シーンと幼児の吐く状態はまったく違う。大人やある程度の年齢になった子どもは、吐きたくなるとまず「気持ちが悪い」と言って、口を押さえる。幼児や赤ん坊の場合には、何の前触れもない。突然、ゲポッと吐き出すのだ。その後に苦しむわけでもない。けろっとしているのを見ると、何やら腹立たしくもなる。かなりの量なので、それを片付ける大人が大変なのだ。

かりんの場合は朝飲んだ牛乳がすこしどろどろとなって出てきた。食べたチーズも、食パンも原型をとどめた形で吐き出されている。完全な消化不良だ。幸い半楕円形のベビーチェアのテーブルのふちはあがっているので、床にはこぼれていない。朝からパジャマ姿のままだったので、胸が汚れた衣類はどうせ洗濯する必要があった。

彼女は少しびっくりしているようだが、顔色も機嫌も悪くない。肌シャツの上に長袖のボタンなしのシャツ。下はスパッツのようなズボンを出した。これでかなり汗をかいても平気だ。でも、着替えはてきぱきとやらないと嫌がる。

吐いたらおなかがすいたのか、少しだがおかゆを食べた。おかゆには油なしのフライパンで炒ったぽろぽろタマゴと冷蔵庫にあるふりかけを混ぜる。

吐いた後だから、塩分と水分をほしがる。麦茶をコップから飲ませる。しかし、何やらお尻から臭う。ウンチだ。すぐにバスタオルを敷いておむつを取り替える。かなり柔らかいウンチ。下痢が始まったようだ。「あかちゃんのおしりふき」でしっかりお尻をふく。シャワーで洗う必要はない。そしてまた抱っこして寝させる。

礼子さんに携帯のメッセージ機能で連絡。生まれた時から通っている小児科医院には午後五時までに診察券を出せば、診察を受けられることを確認した。今は医師の診断が必要な段階になった。お昼寝から起きたら、病院に連れて行こう。育ジージはそう決めた。

礼子さんから健康保険証、母子健康手帳、子ども医療費助成受給券、複数の病院の診察券などを入れたビニール袋のある場所は聞いている。中でも大事なのは「お薬手帳」で他の病院で処方された薬の記録が貼られている。礼子さんからは「先週の土曜日に耳鼻科で鼻の薬と抗生物質をもらっているので、そのことを医師に伝えてください」とのメッセージをアイフォンで受信していた。

小児科に行く

かりんは午後三時すぎに自分で起きた。おむつを替えてから、かりんちゃんに病院に行くことを伝えた。子どもは病院が嫌いだけど、黙って連れて行くよりも、あらかじめ本人に伝えておいたほうが覚悟するのでいい。

かりんを車の後ろのベビーシートに座らせた。バックミラーの角度を斜めに変えて顔が見える状態にする。五分もしないで藤田小児科医院に到着。診察券を出す。体温計であらためて熱を測るが三十六度七分ぐらいだった。病院は混んでいた。インフルエンザも流行り始めている。いたるところに母親に連れられた子どもたちがいる。

診察室に呼ばれた。藤田先生はメガネをかけた優しい先生なのだが、聴診器を出してかりんちゃんのシャツをおなかから上にあげると、少し泣き出した。なんどか鼻水を吸引されたりして、痛かったことを覚えているからだろう。

藤田先生はまずは胸、おなかと背中を触診。次にのどをのぞく。少し赤くなっているという。かりんちゃん涙をこらえて、なんとか我慢した。「エライね」とほめてあげる。先生に昨日からの経過を説明すると、「おなかの風邪でしょう」との診断。整腸剤と嘔吐時用に頓服を処方される。

あとは症状が軽くなるまで面倒をみるだけだ。食欲がなければ食べなくともよいが、水分の補給は十分にするように指示を受け、家に戻ったのが、午後五時を過ぎていた。

「もう少しすれば、ママが帰ってくるからね」と機嫌が悪いかりんちゃんに伝える。そうそう、薬を飲ませなければ……。整腸剤は粉薬だった。これを蜂蜜に溶いてなめさせる。液体の薬が同時に処方される場合には粉薬を溶かしこんで、スプーンで飲ませる。昔と違い極端に苦い薬は少ないようだ。これまで薬を飲ませるのに苦労したことはないので、「育ジージ」候補生のみなさんが心配する必要はありません。今、良薬は口に苦くはないのです。

三日目

おなかの風邪から三日目の水曜日。

朝、いつもの時間に行くとかりんはまだ寝ていた。みんなが家を出た後に、ムックリと自分で起きた。しかし、機嫌が悪い。ぐずっている。少し食べさせてから薬を飲ませて抱っこしていたら、なんとか眠ってくれた。私も添い寝でうとうとと。育ジージはいつでも、短時間でも眠れる癖をつけておいたほうがいい。何しろ、長丁場の仕事だから。これはおっぱいをあげながら乳児の世話をする母親たちが実践している。

母の礼子さんには、午前九時半前に「機嫌悪い。ダッコしていたら、寝ました。明日も休ませたほうがよさそうです。」と打電。礼子さんからの「分かりました」のメッセージに対し、「熟睡しています。疲れているのですね。ぐずるだけ元気になっているのかも」と付け加える。

正午前に「十一時起床。ゴハンとタマゴ、フリカケを食べる。怒りっぽいけど遊んでいます。しゃべりまくる」。「下痢しています。今から私の自宅へ。自分で靴下を出しました」と状況を知らせている。

私はかりんちゃんを連れて自分の家に車で戻った。マンションの配水管清掃に立ち合わなければならないからだ。その日、私の奥さん、つまりかりんちゃんの祖母は日本語教師の仕事をするために家にいなかった。育ジージは家事ジージも文句を言われながらも、時々やらなければならない。

自宅に戻る前に、家の前の公園でかりんちゃんをブランコに乗せた。病気といっても熱があるわけではない。退屈でしょうがなかったのだろう。かりんちゃんは大喜び。道理で、「ジージのおうちに行く?」と聞いたら、玄関まで自分の靴下を持ってきたわけだ。

その後、ふたたびおうちへ。車で五分ほど揺られるとかりんは眠った。なんとか車から抱っこして運び出し、ベッドに運んだ。熟睡している。よほど疲れているに違いない。

午後五時に泣きながらかりんは起きた。ミカンとヨーグルトを食べさせる。おむつを替えるとおしっこの量が少ない。水分補給をしなければ。私はすぐにあり合わせの野菜に豆腐をいれてみそ汁を作った。かりんちゃんは汁物なら、お椀を両手で持って一気に飲み干すぐらい好きだ。そうこうするうちに、母親があかりちゃんを連れて帰宅。私も家路についた。

三日目もなんとか無事に乗りこえた。私はかなり疲れていた。ちょっと休みたいな……。

赤い小さな斑点

おなかの風邪から四日目の木曜日。いつものように朝に出動。

四日間連続となる。かりんはすっかり熱も下がって、ウンチが固めになってきていた。

朝の「おかあさんといっしょ」を見てから、パジャマを着替えさせたその時だった。胸の中央部に小さなニキビのような先っぽが赤い斑点を発見した。「あれ？」とちょっと不安がよぎった。でも午前九時すぎにまた朝寝を始めたかりんの静かな寝息を聞きながら、その不安はなくなっていた。

この二、三日と同じ、ある意味で平穏な一日が過ぎようとしていた。食欲もあるかりんちゃんと一日遊んで過ごす。もちろんお昼も一緒。昼ご飯はなんだったかな……。夜帰宅した礼子さんに赤い小さな斑点について話をすると、昨晩お風呂に入れた時は気がつかなかったと言う。

ワーキングママと育児ママの兼任は超多忙。朝五時に起きて、洗濯機を回して、家族が寝ている間に洗濯物を干して、ぐずる子どもたちを起こして、熱を測って、おむつを替えて、着替えさせて、保育園に持って行く着替えとか、タオルとか、よだれかけとか、バッグに用意して、保育園の連絡帳に書き込みをして、朝ご飯を食べさせて、靴を履かせて、ベビーカーに乗せて、保育園に運んで、登園時間を記入して、保育園でタンスに着替えや替えのおむつを入れて、バッグをしまって、先生とちょっとだけ話をして、あわてて駅まで走る。

仕事を終えたら、保育園に迎えに行って、ビニール袋に入った汚れたおむつを持って、汚れた衣類やタオルを持って、先生にあいさつして、子どもの様子を聞いて、靴下を履かせて、靴を履かせて、ベビーカーに乗せて、家に帰って、夕食を食べさせて、連絡帳をチェックして、お風呂に入れて、なんとか寝かせる。日本のワーキングママの睡眠時間は世界で一番少ないという話もある。

子どもが熱でも出せば、会社を休まなければならないが、そのぶん礼子さんの場合は、彼女しかできない仕事が溜まって行く。イクメンがほとんど不可能な日本社会では、どうしても「育ジージ」のサポートが必要になってくる。

翌日の朝、万が一に備えてかりんの家に行く。完全におなかの風邪は治っている。今日も一日面倒をみるつもりだったが、「保育園に行きたいの？」とママに聞かれて、かりんちゃんはなんどもうなずいた。四日間、友達と遊んでいない。友達に会いたいのだろう。ゼロ歳児が三人に、一歳児が十人の楽しいクラスだ。

もう大丈夫ということで、私は自宅に戻った。五日目にして舞い込んだ臨時休暇のようなものだ。無性にビールが飲みたい。まあいいか、ごほうびだ。何十年にわたって飲んでいるサッポロの黒ラベルの大ビンを一本だけあけた。うまい。育ジージをやっている間は絶対にできない朝ビール。私は朝寝を開始、五時間は寝た。一日十二時間以上、育ジージ仕事はただ子どもといるだけとはいえ、かなり疲れていた。

午後二時すぎだった。携帯電話が鳴った！　どうもかりんが水ぼうそうのようだという。保育園から礼子さんに電話があり、迎えにきてほしいとのこと。礼子さんはすぐに私に電話をしたのだ。私は彼女の代わりにすぐ保育園に向かった。担任の先生の話を聞くと、昼過ぎにおむつを取り替えたときに、足の付け根の部分に赤い斑点がいくつか出ていた。昨日私が見つけた赤い斑点にも気づいていたが、新たな斑点が出てきたので、水ぼうそうに間違いないという判断をしたという。

かりんちゃんを抱っこして帰宅。荷物を置いて、すぐに藤田小児科医院へ。藤田先生は一目見て、「水ぼうそうです」と私の心配をよそに、あっけらかんと診断した。私が昨日発見した胸の赤い斑点はすでに先っぽが崩れて、治りかけという。

「これで来週も一週間育ジージだな」と私は覚悟した。でも明日は土曜日。育ジージから解放される。そして次の日は日曜日。息子夫婦が面倒をみることができる。来週、金曜日ぐらいまでなら心身ともにもつだろうと思って、自分を元気づけた。

私のふたりの孫は自宅から歩いて行ける保育園にゼロ歳から通っている。かりんちゃんはその一年目だ。待機児童が全国に二万人以上という現状の中では、比較的恵まれている。しかし、保育園といえども、熱が出たり、感染力のある病気にかかったりすると預かってはもらえない。そんなときが私の出番なのだ。水ぼうそうやインフルエンザは「感染」と診断を受けてから、医師が通園可の証明書（登園許可書）を出さない限り、保育園を利用できない。幼稚園も同じ。その間、親が五日間から一週間は自前で面倒をみることを覚悟しなければならない。

薬をもらって帰ったのが、午後五時すぎ。夕食を食べさせている頃に、礼子さんが帰宅。引き継いだ。上の孫娘が四歳の頃に水ぼうそうにかかっているので冷静そのものだった。

土、日と休んで、月曜日の朝ふたたび出動。かりんは元気だが、顔はすっかり白い斑点だらけ。金曜日にもらった白いクリーム状の薬を付けている。機嫌はすこぶるいい。おむつを取り替えるときに、あるわあるわ、足の付け根からおなか、背中にかけて小さな発疹がある。その先に処方された白い軟膏を次から次へと塗って行く。小さな体は白い斑点だらけになる。先週木曜日発見した、第一の発疹にはすでにかさぶたができていた。

水ぼうそうの感染力は非常に強い。発疹の先からでるウミに皮膚接触するとかなりの確率でかかってしまう。症状は軽いが、重篤な場合もあり得る。保育園が感染児童を休ませるのは当たり前で、法律でも決められている。

かなりかゆいので、引っ掻かないように注意してやる必要がある。かゆみはなかなかなくならない。熱はそれほど出ないので、気持ちをどこかに向けさせてやるのがベスト。水ぼうそうの時には、育ジージの仕事はできるだけ一緒に遊んでやることになる。

しかし、ウイルス感染だから幼い子どもは必死に体内で闘っている。かりんちゃんはよく寝た。よく食べた。そしてよく遊んだ。どのようにふたりで過ごしたのかも、よく覚えていないぐらいに社会から切り離された時空の世界だった。

金曜日にふたたび病院へ。藤田先生はちょっと見ただけで、あっけなく「治りました」と言って登園許可書を書いてくれた。結局、かりんちゃんが保育園に戻ったのは、翌週の月曜日だった。

元気な孫たちに会っておく

元気と病気

育ジージは孫たちが病気のときに出動する。だからほとんどの場合、病気で元気のない状態の孫たちの姿ばかりを見ていることになる。しかし、子どもたちがどれくらいぐったりしているかとか、大泣きしているのはどこかが痛いのが理由かなど、普段の元気な子どもたちと比較してみないとわからない場合が多い。

物静かな子どもが、もの静かなのは病気のせいではなく、その子の性格かもしれない。一方、普段は活発でおしゃべりな子どもが無口になって物静かなのは、落ち着きがでてきたのでなく、病気でつらいからなのかもしれない。その意味で育ジージはある程度定期的に子どもたちと接触して、子どもたちの体調を比較できる認識をもっておくことが大切だ。

子どもたちは、どこが痛いのかなど、正確には言葉で表現できない。小児科医が小児科として独立しているのは、言葉で表現できない子どもたちを観察して、症状の中から問題点を洗い出す特殊な訓練を受けているからではないだろうか。親たちが同じ小児科医に通うのは、小児科の先生が連続して観察している中で、正確な診断を下すことを望んでいるからだろう。

健康な時の状態を把握しておくと、元気がなくなるとよくわかる。私は幸運にも、週に一回、孫娘ふたりを近所のピアノ教室に連れて行く。なにか定期的に会える機会を作ることはとても大事。

二週間会わなければ、えらく大きく成長したと思うほど、子どもは急激に変化して行く。また、元気だけど普段よりちょっとイライラしているなどと気づくと、翌日は病気を発症したなどということもある。その典型的な例を紹介しよう。

ピアノ送迎の夜に発熱

お正月も明けた一月十五日。毎週木曜日はピアノレッスンに連れて行く日だった。このころ保育園ではインフルエンザが流行っていた。あかりの年長クラスでも、子どもがふたりぐらいインフルエンザで休んでいた。保育園に午後四時すぎに妹のかりんとあかりを迎えに行き、まずは自宅へ。

ピアノレッスンにいく前に、おやつとしてリンゴをむく。それだけでは足らないあかりちゃんが自分でお菓子を出してきて食べる。かりんちゃんもそれをほしがって、手を伸ばす。食べさせておかないと夕食までもたない。

「あかりちゃん、五時すぎには出ようね」と声をかけると、ちょっと険しい目つきをした。変だなと思ったけど、そのままふたりをレッスンのある島村楽器に連れて行った。

個人レッスンは三十分。その間、かりんちゃんと私は近くの広場で遊ぶことになっている。レッスン終了後、あかりちゃんも合流して三十分ほど遊ぶ。暖かくなると仕事を終え帰宅する礼子さんを広場で待ち、一緒に帰ってくるのが、ふたりの楽しみだ。

この日は真冬。かりんちゃんとあかりちゃんを家に連れて帰った。

いつものように、かりんのおむつを替えて、ふたりのママの帰宅を待つ。玄関で音がすると、かりんちゃんが「ママ、ママ！」と騒ぎだす。礼子さんに一言、あかりちゃんが疲れ気味のようだと伝えて、私は家路についた。

翌日の朝六時五十三分だった。「あかり発熱しました。今日頼めますか？　お手すきの際に電話ください。」とのメッセージが、私のアイフォンに入っていた。どうも私は気づかなかったようで、七時すぎに礼子さんから自宅に電話が入った。

すぐに育ジージに変身して出動。ざっと聞くところによると、昨晩遅くに三十九度近くの熱が出たのだそうだ。かりんはなんともない。

あかりちゃんをまた寝させようとすると、「ママがいい！」と泣き叫ぶ。添い寝するのは私ではなく、ママがいいと泣いたのだ。そこで、私がかりんちゃんを保育園へ連れて行った。ついでに、あかりのクラスをのぞくと、なんと四人ぐらいしか子どもがいない。昨日夕方、迎えに行ったときには十数人はいたのに。先生に聞くと、みんなインフルエンザで休むとの連絡があったという。

家に戻るとあかりはまだ寝ていた。彼女の面倒を育ジージの私にまかせて、ママは会社に向かった。私はあかりを寝られるだけ寝させようと思った。病院に行くのは午後でもいい。

午後になって藤田小児科医院に連れて行った。インフルエンザの疑いがある場合には、病院ではできるだけ他の子どもたちと接触しないように、離れたところに座って待つように言われる。あかりちゃんがしんどそうなので、病院の奥にある指定された長椅子に横にならせ、私のコートをかけた。機嫌は非常に悪い。何でもないのに、育ジージに文句をいう。

先生はインフルエンザ検査のため、あかりちゃんの鼻に長いチューブを入れる。私も経験したが、これがかなり痛い。六歳になっているとはいえ、彼女は大泣きした。

薬のタミフルと解熱剤を処方されて、帰宅。あかりが寝ている間に、夕食につけるみそ汁を作る。インフルエンザもそうだが、子どもが発熱した時には、どうやって水分を補給するか考える必要がある。汗もかくので、塩分の補給も忘れないこと。普段より、食べるものが少ししょっぱめでも問題はないと私は思っている。後は安静にして寝ているしかない。幸い、あかりの熱は三十七度台に下がっている。

しかし、インフルエンザと診断されたからには、医師の許可がなければ保育園に行くことはできない。保育園にはすぐに、インフルエンザにかかったことを電話で知らせた。

かりんがインフルエンザに

登園禁止になるのはインフルエンザばかりではない。先に書いた水ぼうそう、はしか、おたふく風邪、風疹など多数ある。時代を反映してか、学校保健安全法施行規則ではエボラ熱も記載されている。

予防ワクチン接種が普及している日本だが、それでもかかるときにはかかる。その典型がインフルエンザだ。あかりもかりんも、予防接種を受けていた。彼女たちの両親も。受けていないのは私だけだった。

ところがところがだ。土曜日の朝になって今度はかりんちゃんが三十九度近い熱を出した。その日、何となく心配になってあかりちゃんの様子を聞こうと電話してわかった。その日、息子は休日出勤だという。私はすぐに育ジージモードに切り替え、孫娘たちの家に向かった。

ママがかりんちゃんを病院に連れて行くと言ったが、あかりちゃんがママと一緒にいたいと泣き出した。「ママじゃないとだめ！」という。当然だろう。病気でつらいのだから。そこで、かりんちゃんを「ブーブ（車）に乗ろう」と誘って小児科医院に私が連れて行った。昨年から一カ月ちょっとで三回目だ。冬は育ジージのハイシーズンなのだ。

受付でインフルエンザ感染の可能性を告げると、「車で来たのなら、車の中で待ってください」。「携帯番号を教えてください。電話しますから」と言われる。病院は子どもたちでごった返していた。一時間ぐらい車で待った後に、携帯で呼ばれた。インフルエンザなので、病院の奥の長椅子で待つ。診察室に呼ばれるとそこには、女性の医師がいた。かりんちゃんはこの女の先生をあまりこわがらない。おなかを聴診器で触られる時にちょっぴり泣いたが、その後は平静。インフルエンザの検査で長い棒を鼻に入れられた時と、鼻水を吸引された時には、看護師さんとふたりで泣き叫ぶかりんちゃんの体を押さえたけれど、診察を終えて、「先生にありがとうと言おうね」と言うと、「アリガト」と小さな声で言った。先生は大喜びだった。

通常、インフルエンザは発熱して、十時間ぐらいたたないと検査結果が正確にはでない。待合室の端で結果を待った。でもやはりかりんちゃんはインフルエンザだった。

記憶が確かではないが、この日は小児科のそばのおいしいパン屋さんで、昼食用にパンを買って帰った。土曜日は礼子さんが休みなのだが、何となく鼻声でおかしいので彼女が昼食を作る手間を省こうと思ったのだ。

あかり、かりんをママに任せて、私は自宅に帰った。この日は半日で、育ジージの仕事を終えた。

ふたりがインフルエンザであることがはっきりした。来週の月曜日から木曜日はフルタイムで育ジージをやることは間違いない。少し休んでおこう。インフルエンザに感染するわけにはいかない。と思ったが、やはり家に帰ってビールを飲んでしまった。昼寝すれば平気さ……。

そして、私以外のみんなが……

翌週月曜日、朝八時に息子宅へ。今日はふたりとも朝寝をしているはずだから、ゆっくり行けばいい。でもすでにあかりとかりんは起きていた。朝ご飯はママと三人で食べ、つかの間の親子交流。私が着いたら、礼子さんはすぐに出勤した。

「かりんちゃんは朝薬をのみましたか?」とアイフォンでメッセージを送る。薬を飲んだかどうか聞くのを忘れていたからだ。「飲みました。ヨーグルトに入れました」との返事。まずは一安心。それからは六歳と一歳半の孫娘ふたりだけと過ごす時間になる。かりんちゃんはやはりつらいのか、すぐに朝寝をした。あかりちゃんは普段見ることのできないEテレに釘付け。ママに知らせると、昼休みの時間に「テレビは程々にするように言ってください」のメッセージが入った。

ひとりでも大変なのに、ふたりになったらどうするの? と思うかもしれないが、ふたりのほうがはるかに楽なのだ。

　かりんのママは一年間産休をとれる企業に勤めている。だから、かりんちゃんの育ジージをやり始めたのは、半年前ぐらいだ。かりんちゃんを初めてひとりで見なければならなくなったとき、あまり体調の良くないあかりちゃんに「あかりちゃんも保育園を休んで一緒にいて」と頼んで、断られたことがある。それぐらい、年齢の離れた姉は育ジージの戦力になる。

　なんといっても、思わぬ動きをするかりんちゃんを見つめる目が四つになるだけでも違う。インフルエンザの熱は三日ぐらいで引き始める。ふたりともすでに回復基調にある。二日間早く発症したあかりちゃんは保育園に行けないだけで、しっかり妹の面倒をみることができる。そしてなによりも、ふたりで遊ぶことができるのだ。

　熱が下がってから、インフルエンザで困るのは、退屈すること。子どもたちの退屈に対処するのは大変なのだ。なにしろ、子どもと大人では興味の対象が違うのだから。

　ご飯を食べさせるのも楽チン。適当に食べ物を用意すれば、交換し合って何となく、わいわいがやがやと食べてくれる。私はコンビニで買ってきたおにぎりをがぶり。育ジージはのんびり食事をする時間も、余裕もない。だからおにぎりが定番になる。

　かりんは二度下痢した。午後、ベッドでゴロゴロしていたら、添い寝なしに寝てしまった。複数の人間が同じ空間にいるから、保育園で昼寝する感覚なのだろう。あかりはベッドの上で勝手に本を読んでいる。

平穏な月曜日と思っていたら、礼子さんから「関節が痛い。病院によって帰ります」のメッセージ。そういえば、土曜日ぐらいから関節が痛いと言っていたのを思い出した。ほどなく帰宅すると、礼子さんはすでに発熱していた。準備してあった夕食を三人が食べる面倒をみる。明らかにインフルエンザ。帰宅途中、息子に、早く帰ってくるようにメールしたという。

息子は午後八時すぎに帰宅した。それまでは孫娘ふたりの面倒をみていた。礼子さんを休ませなければならない。しかし、息子もすでにインフルエンザに感染していた。その夜、ふたりとも熱が三十九度近くになっていた。インフルエンザはかかってから二、三日の感染力が強い。感染したあかり、かりんと、パパ、ママは週末にかけて長時間一緒にいる。うつるわけだ。幸い私はかりんちゃんと土曜日に短時間一緒にいただけだったので、発症していない。

翌日、息子夫婦は会社を休んだ。息子の会社はインフルエンザにかかると三日間は、社内感染を防ぐために休まなければならない。大人ふたりがいるので、育ジージはお役御免のようだが、そうではない。火曜日はなんとか夫婦ふたりで、ふたりの子どもの面倒をみた。息子は病院に行く必要もあった。

水曜日になると、日曜日ぐらいに感染したと見られる礼子さんがなんとか会社に行けた。しかし、息子はなんと前日深夜に、四十度の熱がでてしまった。普段遅くまで仕事をしているので、体力が落ちていたのだろう。この日、私は孫娘ふたりと、大人になった実の息子の面倒をみた。

木曜日、息子が出社可の証明書をもらうために病院へ。熱は引いていた。すっかり回復したあかりちゃんをピアノのレッスンへ。息子はこんこんと眠り、かりんちゃんは寝かせつけなくとも、パパのそばにひとりで勝手に行き、ご機嫌で昼寝していた。

医師の登園許可書をもらって、かりんとあかりが保育園に行ったのは、金曜日だった。

団塊の世代は感染に強いのか？

育ジージの多くは団塊世代。では私は団塊世代で抵抗力が強いから、インフルエンザにかからなかったのだろうか。

育ジージ候補生のみなさん、思い出してみよう。今ではほとんど見ることもない白い回虫が、自分のウンチと一緒に出てきたことを私は鮮明に覚えている。みなさんはどうでしたか？

「野菜はよく洗って食べましょう」などというポスターが学校に貼られていた時代だ。アトピーで苦しむ友達がいた記憶がない。「手を洗うときは石けんを使いましょう」なんていう標語もあった気がする。今の世代に受け入れやすいように編集された「三丁目の夕日」のシーンが超清潔に見えるぐらいの貧しい環境で私たち世代は暮らしていた。日本脳炎で死んだ、小児まひにかかったなんていうのは、よくある話だった。

近所で「はしか」に誰かがかかったら、わざわざ「はしか」をもらうために子どもを遊ばせにいったような時代だ。なにしろ、今の時代から考えれば不潔な環境で暮らしていた。だから、我々団塊の世代は抵抗力があると思っていた。

実はそうではなかった。病院の受付の人が仕事を始めた六カ月ぐらいは頻繁に風邪をひいたりしていたが、二年ぐらいすると病気にかからなくなるとよく言う。小児科医院のそばの調剤薬局でも、同じことを聞いた。対応するお客はすべて、病気に感染している子どもたち。でもかからない。同じことを、保育園の先生たちも言う。

いつも病気と接触していると、あまり病気にかからなくなるのだというが、実はかかっても症状が軽いのではないかと孫たちの保育園の園長先生は思っている。彼女は体調を崩した園児たちと毎日のように接触しているのだから、その発言は重い。そうだ。団塊世代の育ジージも同じだ。我々は無敵のスーパーお助けマン。インフルエンザなんか怖くない。軽くかかればいいのだ。

ところが、六年前のことだった。熱で保育園を休んだ一歳半の孫娘あかりが、まず耳が痛いと言い出したと思う。言い出したのか、耳の辺りを触り始めたのか定かではない。あかりは言葉がかなり早かった。また、あかりちゃんと私はあまり言葉をかわさずに意思疎通ができていた。以心伝心という日本的な言葉よりも、テレパシーとも呼べるものだった。そのうちにほっぺたが膨らみ始めた。どうもおたふく風邪らしい。保育園には行けない。この頃のことをあまりよく覚えていないのだが、私はあかりちゃんの育ジージをかなりやっていた。

あかりちゃんが治り始めた頃かどうかわからないが、私もなんとなくあごの右下あたりが痛くなってきた。私はそのとき六十歳。記録を調べると二〇〇九年十一月のことだった。「まさか……」と思いながら、行きつけの「ひさきファミリークリニック」に行き、診察を受けた。なんと、なんと、間違いなく私はおたふく風邪にかかっていたのだった。クリニックの医師いわく、私は彼が診察したおたふく風邪の最年長患者だという。医師の記憶では、三十代の患者を診たことが一度だけあるようだと言う。

団塊の世代だからといって、子どもがよくかかる病気に感染しにくいわけではない。要するに健康管理をしっかりすることが、育ジージの仕事には必要だ。同時に、自分の幼い頃からの感染記録を調べておく必要がある。ふつう、はしかは予防注射で抗体があるだろうし、水ぼうそうは間違いなくかかっているはずだ。だが、おたふく風邪は要注意。子ども時代にあまり流行っていなかったので、かかっていないと、中年ぐらいでかかることがある。事実私の奥さんは息子たちが小学生の頃におたふく風邪にかかって苦しんだ。

また、毎年のインフルエンザの予防注射もしておいたほうがいい。当然のことだが、あなた自身がインフルエンザなどに感染して、孫たちの家族がかかっていない場合には、絶対に会いに行ってはいけない。正月だろうとお盆だろうとだめなものはだめなのだ。育ジージが感染源で、かかった孫たちの面倒をみるなどというのは、ブラックジョークにもならない。

登園禁止は必ずやってくる

育ジージを必要としている孫たちのほとんどが保育園あるいは学童保育を利用しているはず

だ。保育園、学童保育のインフラがいくら充実していても、年に何回かは育ジージが必要になる。これまで書いたインフルエンザや水ぼうそうの流行性の病気ではなくとも、体温が三十八度を超えると自動的に登園禁止となる。

インフルエンザがピークを迎えた二月頃、育ジージのパートさんとも呼べるおじいさんに会った。私はそのころ微熱が昼間に必ず出るようになっていた。どうも体調がすぐれない。看病している間に、やはり感染したか。小児科が主の「ひさきファミリークリニック」に朝早くから行った。朝八時半前に到着。三番目に順番が取れた。

そこでよく見ると、一番は私よりは年配と思われる男性だった。農作業をしているようで、手はふしくれだっていて、健康そうだった。受付が始まる直前、若い母親に連れられて、二歳ぐらいの男の子がやってきた。「ジージ！」大きな声で男の子が、男性を呼んだ。それまで無表情だった彼の顔がほころんで、当たり前のように男の子を抱っこしていた。母親に聞いてみると、近くに住んでいるお父さんが病院の順番取りをしてくれたのだという。

病院は子どもたちでいっぱい。そろそろ診察が開始される頃になって、男性はおもむろに男の子を母親に渡して、病院を立ち去ろうとした。男の子は「ジージ！　ジージ！」と泣き出してしまった。母親に聞くと、おじいちゃんがよく遊んでくれるので、大好きなのだという。男性はちょっとトイレに行くと嘘をついて、その場を立ち去った。

「ああ、これも育ジージのひとつの形だな」と思って、心がとても暖かくなった。無骨な手の感じから、おそらく近くで梨を栽培している農家の人なのだろう。パート育ジージの役割を果たしたら、農作業が待っているに違いない。子ども同様、栽培する果物も育って行くのを待ってはくれない。

翌々日ぐらいにまたファミリークリニックに行った。今度は首が痛くなって、どうやっても首が回らない。本来なら整形外科だが、私をよく知る先生の意見を聞こうと思ったからだ。ひょっとして、ばい菌が脳に回ったかもしれない。昨晩から頭痛が続いていた。

その日の朝も、順番待ちしていたら、若いお母さんに連れられた女の子がやってきて、私の後ろに並んだ。三歳ぐらいにしては言葉がとても達者なので、「お姉さんはいますか」と尋ねると怪訝な顔をする。上に兄姉がいると下の子の言葉の発達が早いからだ。

「失礼、言葉がとてもお上手なので」と言うと、保育園に通っていると言う。まだ二歳だった。インフルエンザにかかっていて、検査にきたのだそうだ。

「失礼ですけど」と前置きをして、「子どもがインフルエンザにかかったら、奥さんのお父さん、お母さんは助けてくれるのですか？」と聞くと、遠くに住んでいるので無理。「ではどうするのですか」と尋ねると、仕事を休むしかないという。あらためて、結婚して出産を控えた息子夫婦が、私の家の近くに住むことを決めた理由がわかった。

育ジージはかりんの日本語教師

ふたりでおしゃべりをする

かりんとは十二月のおなかの風邪から、水ぼうそう、そしてインフルエンザと合計で、三週間近く一緒だった。一日十二時間近く、一緒に過ごすためにはどうしても言葉を使わなければならない。それまでかりんちゃんとしっかり話をしたことがなかった。何かをしゃべっているが、理解できないことがかなりあり、彼女がかんしゃくを爆発させることもあった。昼寝している時間を除くと、百時間近く何となくふたりだけで、言葉をしゃべっていた。

一般的に外国語を片言でもしゃべることができるには、百時間あれば足りると私は思っている。まったくしゃべることのできない国で、短期間生活したことを思い出して、私はかりんちゃんに日本語を教え始めた。

両親、姉が母国語の日本語でしゃべっているのを、一歳からでもすでに六カ月以上聞いているから、言葉の基本的な音はすでに入っている。また、家族がしゃべっていることを、かなり理解しているとそばで見ていて思っていた。あとは、かりんちゃんにしゃべることを学んでもらうだけだ。

かりんちゃんにはまず、私を呼ぶ時に「ジージ」。なにかしてほしい時に「ジージ」。なにかほしい時にも「ジージ」と言うことを覚えてもらった。すでにあかりがジージと呼んでいたから、かりんもジージと時々は呼んでくれていた。ただ、あかりちゃんは私を非難する時にも、「ジージ！」と声を荒らげることもあったが、それをまだ教えるのはやめよう。どうせ自習で学んでしまう。

次に、いやな時には首を横に振ること、何かをしてほしい時には首を縦に振ることを覚えてもらう。実際にすでにそのような動作をしていたが、「いや？」「ほしい？」などの言葉を私が出しながら、自分も同じ動作をして覚えてもらう。

ここからが肝心なのだが、「ジージ」というのが、育ジージであることを覚えてもらう。「ジージ」は血縁関係を示す祖父を意味する言葉ではない。ただの呼び名なのだ。「キミのパパのパパだから私はジージ」だと説明しても、ほとんど意味がない。

幼児というが、相手は人間だ。人間同士だからお互い同士を呼ぶ名前は必要。事実、私の奥さんも、礼子さんのお母さんも、ふたりの孫に「バーバ」とは呼ばせていない。「ユーコちゃん」「チャーちゃん」と呼ばせている。五十歳前におばあちゃんになった礼子さんのお母さんは別として、六十近くで祖母になった私の奥さんには、「バーバ」と呼ばれたくない多少の見栄もあるのだろう。

どうやって自分をジージという名前で覚えてもらうのか。私はこうやった。昔読んだロビンソン・クルーソーとフライデーの話みたいだなと思いながら。自分をさして「ジージ」。子どもをさして子どもの名前を呼ぶ。これを繰り返す。なんどもなんども繰り返す。相手の目を見つめながらやるのがコツ。

そのうちに、なにかやってもらいたい時、自分がなにかやりたい時、やりたくない時に「ジージ！」とかなり大きな声で言うようになる。その時に、何をやってもらいたいのかしっかりと見極めることが重要だ。発音しやすいから、「ジージ」はすぐに覚えてくれる。しかし、どのような目的で「ジージ」と呼んだのかが重要なのだ。

「ジージ」と言われたら「ジージ、これほしい？」と麦茶をさして言う。あるいは、「ジージたべたい」。これは「ジージを、たべたい」ではなく、本人が言う形にして言っている。つまり「ジージ（ここまで呼びかけ）、たべたい」と言わせる。「ジージ、これ？」とおせんべいを指差してもいいと思う。

パパとママも発音のしやすさで便利な言葉であることは間違いない。しかし、パパとママは別格で、呼び名以上の意味を持っている。ふたりがインフルエンザで倒れた時だった。かりんを同じくダウンしているパパのそばに横にならせると、すぐに寝付いた。

いつも私は添い寝あるいは抱っこして短くとも五分は、寝かせるのにかかる。パパは明らかに「父親」という意味を持っている。ママも同様だ。

かりんちゃんは、二週間ですっかり話が上手になった。その後、保育園に迎えに行った時も、保育士の先生たちが「かりんちゃん、お話がうまくなりましたね」とほめてくれた。そりゃそうさ、英会話で言えば、一日八時間の個人レッスンを二週間は続けたのだから。

でも、また熱が出て、小児科医院で順番を待っている時に、待ちくたびれたかりんちゃんが「もう帰る」とはっきり言った時にはびっくりした。

それほど経たないうちに、ファミリーマートの店内を散歩した時には、ラップされたスパゲティのお皿をつかんで、「これ、たべたい」とはっきり言った。

最近では「あのね」と話しかけてくることもある。わたしは「なーに？」と応える。もう平気だ。動物の中で言葉を一番上手に使えるのは人間だ。使える言葉をかりんちゃんは覚え始めている。言葉が頭の中で動き出している。ここまでくれば、あとは冷静に対話をすすめていけばいい。

蛇足を加えておこう。

幼児語ではなぜ、ママとパパがほぼ世界共通言語になっているのか？　英語だから？　ブー！　間違いです。それはこの二つの発音がしやすいからに違いないとの学説がある。

絵本の読み方

かりんは絵本が大好きだ。姉が幼児の時に買った本に、新しい本を加えて、畳の部屋には何十冊もの絵本がある。『いいおかお』が大好き。育ジージの出番は、病気の時が多いから遊ぶとなるとどうしても、室内で絵本を読んであげることが多くなる。

　まずかりんちゃんに読んでもらいたい本を自分で選んでもらう。文字がまだ読めるわけではないのだが、表紙で覚えているようだ。絵本が決まったら、畳にあぐらをかいて、かりんちゃんを抱っこ。そして絵本を両手で、かりんちゃんと私の正面に持つ。声をあげて、絵本を読む。自分のあごの下あたりにかりんの耳があるのだが、ささやき声ではだめ。大きなはっきりした声で前に向かって、感情を込めて読む。これがなかなかむずかしい。なにしろ、書かれている文は簡潔で、短文。気持ちを込めるといっても、限界がある。

　ページをめくるタイミングも結構むずかしい。また今の絵本にはいろいろとしかけがあるので、時にタテにページをめくることもある。かりんちゃんはなんども、なんども私に読ませようとする。「もう一回、もう一回」。この言葉は明確に発音できる。「もう一回、もう一回」。そして、ほとんど同じところで、同じように笑う。場合によってはその部分だけ、繰り返すこともある。

　永遠に続くかと思うが、突然興味を示さなくなる。そのきっかけはわからない。しかし、本人の中で納得あるいは満足する情報量があるのだろう。読んでも、絵本は三冊ぐらい。たいてい同じ本を選んでいるようだ。

　絵本を読む。当然、書いてある文字はすべてひらがなだ。大人にとっては読めないところなどない。しかし、あなたは読書するときに声を出して読むだろうか？　普通は黙読だろう。絵本を読むとは、子どもたちがわかるように、音読するのだ。これが結構むずかしい。

テレビ局のアナウンサーのようにはスラスラと読むことができない。たいていは引っかかってしまう。頭が読んでいる速度に、口が追いつかないからだ。息継ぎもむずかしい。そしてなによりも、なんとなく恥ずかしい。

まずは恥ずかしがらずに、新聞でも本でもいいから音読してみよう。そして、文字を読む速度を調節して、ゆっくり声を出して読む。それができるようになったら、孫の絵本を一冊借りてきて、音読してみる。単純な言葉だけだから、感情を込めて読まないとおもしろくもなんともない。

「いいおかお（顔）」を例に挙げる。この場合、「いい」を「いー」と伸ばして、「い」にアクセントを置き、長めに発音して、後半部分を少し高めに発音していく。中国語の声調でいえば、二声になる。そして、「おかお」を中国語で言えば四声で最後は下げて、短めに。この説明がわかりづらい人は、プロが朗読する絵本のＣＤがあるから、買って練習しよう。

＊　＊　＊

絵本を読むだけではなく、育ジージのエキスパートになるには、これまでの自分の人生経験がほとんど役に立たないと学ばなければならない。おっと、あなたが時代の先を行っていた「イクメン」であったとしても同じだ。時代は常に変化している。

育ジージには、その時代にあったマニュアルが必要。以下、私が独学で学んだ育ジージマニュアルを紹介したいと思う。そして、あなた自身も自分の孫たちにあったマニュアルを開発して、いずれ育ジージになる青年たちに残してあげよう。細部では多少の違いはあるが、基本的には時代を超えて通用する部分があるはずだ。書いてあることが、普遍的であればあるほど時代の変化に対応できる。

第2部　育ジージマニュアル

幼児語を理解する

「マー」

育ジージに疲れ果て、自分自身も花粉症と風邪が混ざったような状態で、鼻水たらたらと同時に、今まで経験したことのない頭痛が昨日から始まっていた。育ジージ中に、孫たちのインフルエンザに感染して、ウイルスが頭に回ったのではないか。脳梗塞の前兆ではないか……。

その頭痛がどういうわけか「首」に転移。首がまったく回らなくなった二月二十三日のことだった。

労働組合のイベントなどを企画するプランニングユニオンの山崎桃生さんに日本外国特派員協会で写真撮影の講習を終え、彼のイオスキッス修理のため、東銀座のキヤノンサービスセンターに行った帰り。なんとか京成八幡につながる都営浅草線に乗り込んだ。気分も体調も最悪だった。

次の駅で二歳ぐらいの男の子とお母さんが乗り込んできて、優先席の一番はじに座った。すると、男の子が、「マー、マー」と言い始めた。「ママ」と言っているわりには、目線が反対方向の電車の連結部分の壁を向いている。さらに、男の子は「マー、マー」と言い続けている。

その視線の先にあったのは、大手タクシー会社の運転手募集のポスターだった。ポスターにはおなじみのオレンジと白模様で塗装された「車」が何台も印刷されていた。最初は不思議に思ったが、はたと気がついた。

ひょっとして、「(くる)マー」と言っているのではないか。子どもたちは動く自動車や電車が大好きだ。大人たちは車をさして「ブーブー」という幼児語を使って話しかけているかもしれないが、大人同士の会話では「くるま」と言っている。きっとこの男の子は「(くる)マー」の発音しやすい「マー」だけを使っているに違いない。

通路を挟んで座っていたが、勇気をだして、「ひょっとして、お坊ちゃんは(くる)マーと言っているのですか?」と男の子の隣に座る母親に聞いてみた。そうなのだと言う。男の子は二歳ちょっと前。次の駅で降りた時に、私が「バイバイ」と言うと、「バイバイ」と手を振って応えてくれた。

少し離れて同じ列に座っていたアメリカ人の男性は日本語がわかるようで、男の子が「マー」、「マー」と言うたびに、顔を横に向けて、不思議そうに耳をそばだてていた。男の子が「(くる)マー」と言っていることを彼に伝えると納得したように、うなずいた。日本語の文庫本を持っていた男性は日本語を相当勉強しているようだが、この幼児語応用編は初めて聞いたのだろう。

孫たちとの共存あるいはサバイバルは言葉でどのぐらいコミュニケーションがとれるかにかかっている。肉親だから以心伝心と思うと、とんでもない押しつけと勘違いになっていることが多々ある。その結果は、「イヤ、イヤ！」と「大泣き」だ。外国語を習うつもりで、幼児言葉を学んでみよう。

一歳前の子どもでも、よく観察していると大人同士の会話のほとんどを理解している。だから子どもたちが言葉を発声できなくても、短いしっかりとした日本語で話しかけて、相手の目を覗き込んでみよう。そして、うなずいたり、首を横に振ったりすれば、かなり理解されていることは間違いない。だから、言葉をしゃべらないからといって、子どもたちの前で大人の内緒話は厳禁。特に子どもの愚痴を言い合うのは最悪だということを、子育てママさんは自覚したい。

英会話の初級を超える

三歳をすぎれば、だいたいなんでもお互いにわかりあえる。英会話で言えば初級をはるかに超えている。言葉の構造がすでにインプットされているから、あとは語彙《い》の問題だけだ。子どもたちがわからない言葉を使うのをできるだけ避け、子どもがわからない新語を使ったと思った時には、自分が辞書になったつもりで簡単に説明してあげればいい。これが結構むずかしい。

問題は言葉を使い始める一歳前から二歳半ぐらいまでの幼児語をどうやって理解するかだ。

まず、幼児は単語であらゆる意味を伝えようとする。かりんちゃんはボールが好きだ。だからお外に行く時に、ボールを持ちたがる。今は「ボール」とはっきり発音できるが、最初の頃はなにやらボー、ボーと言っていた。その前は「アー」とか「ウー」とかで有名になった昔の総理大臣ほどではないが、それに近い発声と指差しで表現していたような気がする。

では「ボール」は何を意味するのか。「ボール」がほしいのか、「ボール」を持ってほしいのか、時には「ボール」をあげるという意味にもなる。それを確認するために、おうむ返しで「ボールほしい？」「ボール持つ？」「ボールくれるの？」などと、しっかり反応して、意思を確認しよう。ただ、「これはボール」と言っている場合もある。言葉を使って、意味を伝えることは子どもにとって、とても楽しいことだからだ。

育ジージは幼児語として存在する単語ばかりではなく、この男の子が「（くる）マー」と言ったような、子どもが独自に作り上げた言葉の音声を学ぶ必要がある。

そのためには、幼児が言語を学ぶ時に発音しづらい音がかなりあることを理解しよう。その音を頭において、なにか言った時にその音を頭や最後に付け加えると意味がわかることがある。また、ある音が言いやすい音に変換される場合もある。

これは世界で英語を学ぶ大人の世界でもあることだ。例えば、フランス人と英語で話をすると、彼らが苦手なHで始まる単語を、H音を省略して話す場合がある。have は ave。発音する場合に、カタカナで書くと、ハブがアブになる。もちろん、最近はフランス人もしっかり発音を勉強しているので、めったにそんな発音をする人はいないが、それでもがんばって発音しているのがわかる場合がある。

私の大好きなモダンジャズのトランペッター、マイルス・デイビスがパリでライブをやった六〇年代のCDをあらためて聞いた。若手ピアニストのハービー・ハンコックをフランス人の司会者が「アビー・アンコック！」と大きな声で紹介していた。同じローマ字表記だから、自然にH音を発音しなかったわけだ。

第二十四代フランス大統領のオランド氏。スペルはFrançois Gérard Georges Nicolas Hollande で Hollande をホランドとは発音しない。

ここで、例を挙げよう。

かりんちゃんの姉の名前は「あかり」。私は「あかりちゃん」。父親も「あかりちゃん」。母親は「あかり」と呼び捨てにすることが多い。ではかりんちゃんはなんと呼ぶのか。この頃はなんとか「アカリチャン」と呼ぶようだが、しばらくは「カリチャン」あるいは「カリ」だった。「あ」という発声が彼女にはむずかしかったからだ。今は母親ばりに「アカリ！」と呼び捨てにしたり、なにか頼み事がある時には「アカリチャン」などと使い分けたりしている。

言葉も子どもと成長

言葉の発達段階で、単語プラス単語で二文節の言葉を使い始める。その次は、三文節。この頃になるとかなりの論理的思考を言葉で表現できている。かりんはすでに部分的に三文節で話をする。しかし、個々の単語の発声が、音が省略された造語である場合は、ほとんど意味が通じないことがこの頃起きて、困り果てる場合もある。ジージの頭はそこまでついていけないのだ。かりんちゃん、ごめんなさい。

サクラも散り、そろそろ蒸し暑くなる四月下旬のことだった。ボールを持って、かりんちゃんはマンションの二階から入り口まで、歩いておりようとした。しかし、両手で持つボールがじゃまで、階段の手すりをつかめない。

先におりる育ジージの私に、「ボール持って！」と言う。そのすぐ後に、「ジージ持って！」と少し強めの口調で言った。さっきは、ボールをジージが持ってあげようかという申し出を断ったばかりなのに……。それはさておき、言葉の発展段階で言えば三文節の言葉まで、あと一歩。そうだ。「ジージ、ボール持って！」と言えばいいのだ。がんばれ、かりんちゃん。あるいは日本語の便利な点だが、日本語を学ぼうとする人には面倒な助詞をつかって、「ジージがボールを持って！」と言えば完璧だ。そのうちに、「ジージ、なにしてるの！　早く私のボールを持ってよ！　私、階段をおりれないじゃない！」と言う日も遠くないことだろう。

それから一カ月。まもなくかりんちゃんは二歳の誕生日。何しろしゃべる。意思疎通はほとんど言葉でできる。電話で「ジージの家でブランコしない？」と言っても「する！」としっかり答える。

抱っこしておりたい時にも、「あるく」、「あるきたい」から「じぶんで（あるくは省略している）」と言うようになった。助詞が使えるようになっているので、かなりの表現ができるわけだ。

「だるまさん」シリーズという子どもが夢中になる絵本のシリーズがある。『だるまさんが』『だるまさんの』『だるまさんと』の三冊をかりんちゃんは読んでもらっている。「だるまさんがころんだ」という絵を見ながら、かりんは自然に助詞の使い方をしっかり、覚えていたんだなと思った。

「いないいないばあっ！」

大人がまじめに分析して幼児語がわかりかけたと思った頃、子どもたちはどんどん自分たちの言葉の世界を広げて、しっかりと話をできるようになる。しかし、一緒に時間を過ごしていると、同じ言葉を使いながらも、三歳半ぐらいまでは、どうも大人と違うやり方で世界を見ているようだと思うようになる。

ふとそんなことを思った時に、『いないいないばあ』という絵本をかりんちゃんに読まされた。松谷みよ子著「あかちゃんの本」の一冊で、クマさんが表紙の絵本だ。実はかりんちゃんに読んであげた絵本は、もともとは姉のあかりのものだった。この絵本は調べてみると、四十五年間で、四十五万冊売れている絵本の世界では古典とも呼べるものだった。

非常に単純な構成で、まずネコが目を両手で隠しているページのとなりに「いない　いない　ばあ　にゃあにゃあが　ほらほら　いない　いない……」とひらがなで書かれている。ページをめくると、両手を下におろしたネコの顔が現れ、となりのページに「ばあ」とひらがなが書いてある。
すこしずつ表現は変わるものの、くまちゃん、かごに入ったネズミさん、こんこんぎつねと続き、最後のページととなりのページをまたいで、「こんどは　のんちゃんが　いないいない　ばあ」でおしまいになる。ただそれだけ。でもかりんちゃんはなんども、なんども読み返すことを要求し、「ばあ」と言うたびに、笑い出す。

「いない　いない　ばあ」と題した絵本は多数出版されていて、顔を隠した手を自分でめくると「ばあ」と顔がでてくる仕掛け絵本もある。

では「いないいないばあ」という遊びは誰が始めたのだろう。「いないいないばあ」をインターネットの翻訳サイトで、外国語に翻訳してみた。

まさかないだろうと思っていたのは、大間違い。まず英語。Peekaboo。ピーカブーと発音している。ドイツ語 Gugus Dada（グーグ　ダーダ）、イタリア語　BU BU SETTETE!（ブーブー　セッテテ）。そして、おんぶの習慣などを文化的に共有するお隣韓国では、「オプタ　オプタ　チャー　カックン」という。

英語のピーカブーは顔を覆っている時に無言で、顔を見せた時にピーカブーという。動画などを見ると、ピーは比較的短めに発音している。ドイツ語、イタリア語と韓国語は、いずれも前半部分が「いないいない」の意味だそうだ。ビックカメラの有楽町店で、三歳の女の子と、一歳半の男の子を連れたフランス人のママさんにフランス語でなんというのか尋ねたところ、よく知らなかった。

「Peekaboo」と男の子に言ってみると、笑ってくれた。お嬢ちゃんは、微笑んでカメラバッグの陰に隠れた。「ロシア語だとクークーなんだけど」と、さらに尋ねると「ああ、それでもいいわね」との返事。この言葉は地下鉄東西線の中でロシア人女性に教わった。キリル文字でKy Kyと表記する。

要するに、子どもたちが笑うのは言葉の問題ではなく、仕草の問題のようだ。「クークー」にも男の子は笑ってくれた。めでたし、めでたし。

Peekabooで検索すると、英語のウィキペディアに三歳前後のふたりの幼女が、小さな穴の空いた木の椅子の背もたれ越しに、「いないいないばあ」で遊んでいる油絵まででてきた。制作年度はなんと一八九五年。いかに昔から「いないいないばあ」が世界中の子どもの世界で共有されていたのかがわかる。

むろん、どこか発祥の地があって、それが広まったわけではないのだろう。自然発生的に各国で生まれたのに違いない。言葉や言い方は違っても、ほとんどの動作は似たり寄ったり。手、布、物などで顔を隠して、顔を見せると同時に、「ピーカブー」、「ダーダ」や「カックン」というのだ。言葉の意味よりは、見えなかった顔が見えたことで、子どもは喜ぶ。その意識を心理発達学的に解説するむずかしい文章がウィキペディアにあった。

「発達心理学の概念を用いて言えば、いないいないばあを喜ぶのは、個人差はあるものの、自我が芽生え自己と他者の分離が始まる生後6ヶ月以降の赤ちゃんである。いないいないばあをしている相手を他者として認識し、『いないいない』という一時的な分離から再会を予期した後に、『ばあ』と予期通りに再会が叶う事に喜びや興奮を感じているものと思われる。なお、赤ちゃんにとっては、顔のみが他人の存在のすべて（幼児に人物の絵を描かせると顔だけを大きく書き、体は申し分程度の大きさしか書かないことが多い）であり、顔を隠すと本当にその人が消えたと思いこむと考えられている。」

こんなむずかしいことを理解できなくとも、「いないいないばあ」は子どもたちに人気がある。町を歩いていて、一歳前後の子どもがいたら、ぜひあなたも試してみてはいかが？

おむつの替え方

育ジージの必須科目

おむつ替えは育ジージと、その前段階で必ずやるはずのベビージッター（あかちゃんの面倒をみるおじいちゃん）にとっては必須科目だ。

その前に、おしめなのか、おむつなのかを書いておきたい。

ネットで調べてみると、「おしめ」も「おむつ」もちゃんとした日本語で、おしめはおしめ

(御湿)。おしめは「湿し」の女性用語で、排尿便を意志でコントロールできない乳幼児、あるいは自力で用が足せない病人、老人の大小便の始末のために腰部、股間にあてる布や紙ナプキンをさしている。

「おむつは『むつき(襁褓)』に由来する。褓は体をくるむ布、襁はそれをしばるひもを意味し、もともと、生まれたばかりの赤子の体をくるむ布をさしていた。むつきには大小2種があり、大きいむつきで体全体を、小さいむつきで股をつつんだが、その後、日本では赤子の体を布でくるむ習慣が消え、股間にあてる布だけが大小便の始末の目的で残った。」(『世界大百科事典』第二版)

要するに、水分を吸収するものがおしめで、それをくるむものを含めておむつというのだと私は勝手に解釈している。

団塊世代の私には「おしめ」の語感がしっくりくるけれど、幼児用品メーカーが「紙おむつ」と呼んでいるので、私もしぶしぶ「おむつ(おしめ)」として話を進めよう。

おむつは世界的に存在してきた。そりゃそうですよね。どのようなトイレを使うかは別として、子どもの世話をするやり方がそれほど変わるわけでも、おしっこするあかちゃん、幼児の便の後始末にそれほど違いがあるわけでもない。

かなり前にカナダの極寒地帯のドグリブという少数民族の男性ガイドと写真取材で岩山を歩いている時に、狩猟用のライフルを持った彼が、ツンドラに生えるふわふわしたコケを摘み取って私に見せた。英語でのやり取りでお互いに「おむつ」という単語を知らなかったので時間がかかったが、どうも乾燥させて、おしめに使っていたと言いたいのだとわかった。後で伝承を調べると、そのとおりだった。それほど昔でない頃まで、そうだったのだろう。おしめカバーはカリブの毛皮に違いない。

砂漠の遊牧民は砂を「おむつ」がわりに利用しているというが、私は直接確認していない。

しかし、オイルマネーで潤う湾岸諸国では、絶対に紙おむつを使っているだろう。

日本では広く木綿のおしめとおしめカバーが主流だった。私は息子たちのおしめを洗濯して、さらし木綿の生地の縫い目が端に来ないようにして物干ネットに干した記憶がある。端にくると縫い目が固くなり、肌にあたったときに痛いからだった。おしめカバーは通気性があるフェルトを防水性のあるナイロン布につけて、マジックテープで両脇からしめたと思う。なにしろ三十年以上前だから定かではない。

乾燥していて、水分を吸収してくれるものならば、おむつの素材はなんでもいい。おしっことウンチの水分を吸収して、衣服がぬれないようにするのだから。

おっぱいを卒業したあとは、健康な子どものウンチはあまり問題ではない。下痢でもしないかぎり、子どものウンチはころころして指でつかめるぐらいに固いからだ。ヤギさんのウンチほどにはころころしていないけど、ミニブタさんのウンチぐらいには固い。

今ではアメリカで開発された紙おむつが世界中で当たり前になっている。従来のおしめカバーのように、お尻を包み込んで、両脇からマジックテープ付きのバンドで止めるテープ式おむつは乳児用で、今は紙パンツが主流。世界中で日本の紙おむつは有名で、中国での需要に応えるために、あるメーカーの製品が日本で爆買いされ、品薄になったこともある。

孫たちが使っているパンツ式の「ムーニーマン」の宣伝文句には「はかせるおむつ」と書かれている。キャッチコピーを引用すると、「『パンツタイプ』女の子用、ビッグ12〜17kg。12時間吸収。すきまモレ安心。『しなやかソフトストレッチ素材』」という表現に加え、「『ふんわりぴたりギャザー』」と相反することも書かれている。よく読んでみると、足まわりにはぴたりとつくが、腰まわりはふんわりという意味のようだ。

だから、今はおむつ（おしめ）交換を覚えることは、それほどむずかしくない。パンツを着替えさせる感覚でいい。子どもが立っている状態でもできる。もちろんその前に、ズボンをはいている場合には脱がせなければならない。小さな子どもは、男の子でも女の子でも、ズボンやスパッツをはいている場合が多いからだ。

しかし、私は孫をバスタオルの上に仰向けに寝かせて、布製のおしめをつける時と同じように、おむつパンツを替える。ウンチが出ている場合には、「あかちゃんのおしりふき」でお尻の周りをふかなければならないし、おしっこだけの時も、パンツに触れた肌をちょっとでもふいてから、乾燥させたほうがいいと思うからだ。それに、お尻やお股の付近に湿疹でもできていないか確認する必要がある。

昔の布製おしめの交換はどうしても子どもを寝かせないとできない。おしめカバーのバンドをはずし、おしめを取り出し百四十センチの布地を四つにたたんである新しいおしめを、股の前と後ろを挟んであて、おしめカバーをつける。そのときに、おしめカバーからおしめが出ていれば、おしっこをしたときに、おしっこがしみ出して衣服がぬれる。

おしっこをしたかどうかは、おしめカバーの脇から指を入れて確認した。そんな思い出も遠い昔。今はおしっこをするとラインが青緑色になる「お知らせサイン」があるのだと書かれている。便利になったものだと思う。

育ジージは孫たちと病気でなくとも出かける時がある。病院や公共施設の整ったトイレなどにはおむつ交換に適する台を整備しているところがかなりある。あなたはベビーシート表示マークを見たことがないだろうか。孫と一緒に動物園、博物館、娯楽施設などに行ったならば、その場所を確認しておいたほうがよい。

でもなによりも大変なのは、子どもにおむつ交換をする必要性を納得させ、仰向けに寝てもらうことだ。最近のおむつパンツは吸水性がいいので、相当おしっこをしないとそれほど不快ではない。事実、ぐっしょり吸水したおむつパンツはかなり重い。木綿のおしめなら、不快感からぬれるとすぐに替えてほしいとあかちゃんが泣き出すことは、私の少ない育児経験でもわかる。

今は、せっかく遊んでいたりするのに、おむつを交換するためにそれまでの行動を中断することを子どもはどうも嫌うようだ。

ジージの威厳を振りかざしてもだめ。「いいから、替えさせなさい」などといえば、「ヤダー」と泣き始めるのが落ちだ。「おむつを替えたほうが気持ちいいよ」、「今替えないと後で遊ぶ時に困るよ」などと、あの手この手で説得してみよう。あなたが会社ではたらいていた時に、こんな自己中の新入社員がいたはず。彼や彼女を説得した時を思い出し、その経験を育ジージ業務に生かせるようになれば、あなたもすっかりベテラン育ジージだ。

着替えに同意してもらう

子どもの衣類は基本的に、下着、シャツとズボンあるいはスカート。こう書くと子どもの衣類を着替えさせることなどわけがないと思うだろう。ところがだ。自分で着替えをしている時には気づかないのだが、シャツに手を通す時には、ほとんど無意識で「自分の」手を曲げ伸ばししている。これは着る人と着せる人が同一人物だから、簡単にできることで、子どもたちと、着せる役割を担う育ジージは別の人格で、別の意思を持っている。

汚れたズボンを着替えさせるとしよう。遊んでいてズボンを汚しても子どもにとってはたいしたことではないのに、ジージがなにやら着替えさせようとしている。まず、その段階で意思の断絶がある。それを無視して、話を進めよう。

ズボンを立ったまま脱がせようとすると、子どもたちが片足をあげなければならない。これはまだ歩き始めたばかりの子どもにとっては、面倒なのだ。では、仰向けに寝かせればいいのかと言えば、外出先などでは場所の確保がむずかしい。また、子どもも嫌がる。手が三本あれば、二本で体を持ち上げて、一本でズボンを降ろせばいいのだが、それは夢物語だ。

孫に両手を肩にかけさせ、まず両方のズボンを足首ぐらいまで下げる。それから片足立ちをさせて、とりあえず片方のズボンを脱がせる。次に、もう片方のズボンを脱がせる。そして、すそをまくり上げて足が入りやすくなったズボンを用意して、片足ごとに足をあげさせて着せる。腰まであげる際に、シャツをズボンの中に入れる。

では、シャツと肌着も同時に着替えさせる場合だが、私はズボンを替える前にシャツを頭に引っ張り挙げて脱がせる。ボタンでシャツが止まっている場合には、首が通るぐらいまでボタンをはずしたら、そのまま頭からすっぽり脱がせるようにしている。袖のない肌着は簡単に着せることができるが、長袖はけっこう手間がかかる。まだ歩きださない子どもは楽チンで、寝させたまま、小さなお手てをつまむようにして着替えさせればいい。その際についでに、おむつを替えると手間が省ける。

問題は歩き始めて、自分の意思が明確になりつつある子どもたちだ。なんとか二人羽織《ににんばおり》を演じるつもりで、意思をあわせるように日頃からのコミュニケーションをしっかりとっておけば、あなたにもできる。大丈夫です。さらに大きくなったら、できるだけ自分で着替えることを教える。つまり、同じ人格で、同じ意思を持った人間が着替えるほうが、簡単なことは間違いない。

事実、二歳を迎えようとしているかりんちゃんはそれを自覚している。だからお出かけをしようとすると、小さな短い靴下をかごから持ってきて、自分で履こうとするのだろう。靴下はある意味で、非常に着やすい衣服のひとつだ。

お手てを洗うこともかなり面倒。まだハイハイする段階の子どもであれば、それほどむずかしくはない。「お手て洗おうね」と言って、抱っこしてしまえばいい。蛇口の水を嫌がる子もいるかもしれないが、まだ体重がそれほどではないから片手で抱っこして、もうひとつの手で石けんをつけてごしごしして、水で流せば済む。お手てもかなり小さい。

問題は着替えと同じで、かなり自分の意思がはっきりした段階だ。食事の時に手が汚れると、子どもは自発的に手をふく、または洗うことを求めてくる。

一方、病院などに行き、ばい菌がついているかもしれないから、手を洗おうと言うと、なかなか納得しない。見た目はまったく汚れていないのだから。その時には、無理矢理手を洗うしかないけれど、どうも私はそれがうまくできないので、孫のママにしばしば、「おとうさん、しっかりしてください」と言わんばかりの目を向けられる。

保育園や動物園などでは子ども用の流しがある。身長に合わせて、かなり低く作られている。これだと、後は子どもが手を洗いたいかどうかが勝負になる。だいたい子どもは水遊びを好きなので、私の経験では自分で自主的に手を洗う場合がほとんどだ。本人は遊びのつもりだろうけど。

育ジージルック

見た目の大事さ

さて、育ジージのあなたはどんな格好をしたらいいのだろうか。

大事な任務を帯びているとはいえ制服があるわけではない。ゴルフウェアのようなファッションが開発されているわけでもない。しかし、着た切り雀でいると、ちょっと物心ついた孫娘などに、なんとなく嫌がられる。それに保育園に行ったり、駅周辺を歩いていたりする時に、じろりと不信の目で見られる。

なにせ、育ジージはまだ世間では認知されていない。汚い格好をした不審な初老の男が、かわいい幼児を連れていれば、なにごとかと思うのが自然だ。格好で人を差別してはいけないなどとインテリぶったことを言うのをやめよう。会社に出勤するつもりで、無精髭も剃っておいたほうが無難。

かりんちゃんはまだ二歳にならないので、気にしていないようだけど、ファッションデザイナーになりたいなどと言う七歳のあかりは、かなり私の服装を気にしているようだ。あかりのパパで、私にとっては息子が、私にまったく似ないで、かなりおしゃれなせいだろうか。まだおそろしくて、あかりちゃんに尋ねたことはない。

しかし､私にもそれなりのこだわりがある。まずは、真冬でもできるだけ洗いたての半袖シャツを着用する。これに厚手のスウェットシャツがベストだが､着古したセーターを冬には着る。すでに賢明な読者はお気づきだろうか。育ジージの出動は圧倒的に冬が多い。

長袖のシャツを着たいところだが、大半は室内の仕事になるので、シャツは半袖にしたほうがいい。シャワーでお尻を洗ったり、食器を片付けたり、ぞうきんがけをしたりすることもあるために、腕まくりする場合がでてくる。

靴を履いたままの子どもを抱っこしたりして､泥がまともにズボンにつくこともある｡育ジージの衣服につく汚れは半端ではない。必ず自分で水洗いができる服装にしたほうがいい。できれば、木綿に近い素材のものを。ナイロン性のジャンパーなどは抱っこしたときに滑りやすいのでだめ。

ちょっと気づかないのだが、着脱が簡単な靴を履くこと。家の出入りや病院へ行くなど意外と靴の着脱をする場合がある。ひもを結ばなければならない靴は、その間に一瞬子どもの姿を見失うことになるので、絶対にだめだ。抱っこひもで、抱っこしている場合には、転落事故の危険もでてくる。

「ではどんな靴を?」と問われて、ちょっと困るのだが、履きやすく脱ぎやすいサンダルのたぐいは足下が安定せず、子どもが走り出したりしたときに対応できないのでこれもだめ。結論として、底がすべりにくい運動靴でポケットに靴ベラをしのばせて、さっと履くというのが正解かもしれない。

そうそう、これだけは伝えておかなければ。もし、あなたが老眼鏡を使用していて、首からメガネストラップでぶら下げているのであれば、必ずケースに入れてしまっておこう。孫を抱っこしたときに、あなたのメガネがぐちゃぐちゃになる。頭に裕次郎のサングラスみたいにつけたり、大村崑ちゃんの鼻メガネみたいにしたりすれば、おもしろがって手を出してくる孫の標的になるのは間違いない。

育ジージバッグで出動

孫の両親たちは、どこの家庭でもちょっとした外出に備えて、必ずお出かけ用のバッグを用意している。柔らかめのバッグで、中にはおむつが最低五枚、着替えの衣類が二組、バスタオル一枚、おしりふき、ビニール袋、よだれかけも数枚。

私たち育ジージが装備する「育ジージ」バッグは役割が似ているようで、ちょっと違う。

育ジージバッグに入れるものは、おむつが一枚、ビニール袋、タオル小が一枚、ポケットティッシュが五個、ウェットティッシュ一個。財布、鍵、ハンカチ二枚ぐらい。ガムはお口のエチケットのために、ひとつ入れておこう。老眼鏡を使う人には、メガネケース。カロリーメイトが一本ぐらいあってもいいかも。そしてアイフォンと充電器。病院に行く場合には保険証、診察券など。これだけかさばるものを入れても、肩にタスキがけして、脇にすっぽりはまるぐらいの大きさと厚みのものがいい。

残念だが、私はまだ「育ジージバッグ」にぴったりのバッグを発見できていない。ピーポピポマンをデザイン化したマーク付きのバッグを誰か開発してくれないだろうか。バッグのサイドにはチャックつきの別ポケットがふたつほしい。ひとつには鍵や財布を、もうひとつにはアイフォンを入れる。アイフォン用のポケットはできれば、簡易防水にしてもらいたい。売り出したら売れると思うけど……。

孫の家に行けば、散歩や外出時のために、「お出かけバッグ」がある。中身は同じようなものだが、数が多いために必然的に大きなバッグになる。また、手提げ部分を一方の肩にかけて持つようになるので、ずれ落ちやすい。

それじゃ、デイバック的なリュックでいいじゃないかという考えもある。しかし、リュックはおろすときにどうしても、両手を使うことになる。育ジージバッグなら、家の鍵も、財布も片手で取り出すことができるし、おむつ交換をトイレなどで行っても、バッグを床に置く必要がない。また、量的にも一時間から長くて二、三時間の応急的な対応を想定すればいい。朝から夕方ぐらいの長丁場を担当する可能性はかなり低い。

もしあなたが、一歳と三歳ぐらいのふたりの孫の面倒をみる必要があり、さらには病院などへ移動することを考えると、リュックの選択肢はなくなる。一歳の子をおんぶして、最初は歩けているはずの三歳の孫が疲れたら、抱っこしなければならないからだ。幸い、私の場合は上の孫娘のあかりちゃんとかりんちゃんは五歳違い。とてもではないが、二十キロを超えて今は三十キロになるあかりちゃんを抱っこしては歩くことはできない。

米海兵隊のリーコン（偵察大隊）のように、育ジージは緊急即応部隊。できるだけ、素早く緊急時に臨機応変に動くための必要最小限の装備を持っていればいい。病院へ連れて行く、短時間外出するなどに対応するので、持ち物はそれほどない。装備をできるだけ軽くして、体力と筋力を温存しよう。

スマホが絶対に必要

育ジージにスマートフォンは必需品だ。当たり前だが、子どもたちの親、保育園、病院、その他との電話連絡のためだけなら、ガラケーでもいい。しかし、親たちが勤務中は電話に出たりできないことが多々ある。そんなときに、メール機能を使うと時間を節約できるし、交信記録を見ることで問題を把握できることがしばしば。さらには病気の症状などわからないことをインターネットで調べて、素人判断をさけることもできる。

孫たちとだけの社会から隔離された空間では、スマホは貴重な外との情報の接点だ。電話番号調べ、外に出る場合にお天気チェックにも役立つ。

そして、孫たちがお昼寝をしている最中には、自分のメールをチェックしたりできる。ニュースだって、どのメディアよりも詳細なニュースが受信できる。自宅のパソコンを利用できない時間が十二時間と長いのだから、私は必ず充電器とともに、アイフォンを孫の家に持ち込む。

育ジージ候補生のみなさん、孫の誕生を機会に、スマートフォンの導入を検討してみては。導入ついでに、ユーチューブで幼児用の映像にアクセスできるようにしておけば、いざとなった時に子どもの気をそらすのにも利用できる。

抱っこひもとベビーカー

育ジージになると、今まで縁のなかった道具類を使うことになる。それもお呼びがかかったその日からすぐだ。その中で、使用頻度が高く、簡単そうでむずかしいものを二つあげてみよう。抱っこひもにベビーカーだ。

「おんぶに抱っこ」と言われるぐらいに、日本社会に定着していた「おんぶ」姿を見ることがあまりなくなった。統一地方選の大分県知事選のニュース映像でおんぶをしている女性の姿が映っていた。東京駅などの雑踏でたまに見かけると思わず声をかけてしまう。

おんぶの一変形なのだろうか。外国人観光客がおんぶ用リュックに子どもを乗せて歩いている。私の友人に初めての子どもができた四十年以上前にプレゼントしたことがあるので、これを買おうとした。これなら、パイプフレームのリュックにすっぽり子どもを入れて、「よいしょ」としょえばいい。ところが、幼児用品店に行っても売っていないのだ！　日本ではどうも流行らなかったらしい。

しかたがないので、礼子さんが使う抱っこひもを使おうとしたのだが、この着脱が結構むずかしい。あとで知ったのだが、この抱っこひもはおんぶひもとしても使える。事実、保育園に行く前には、礼子さんはかりんちゃんをおんぶしていたという。小さい場合には、おんぶしたほうが、家事などいろいろとやる場合には便利なのだろう。「五木の子守唄」にある幼子をおんぶする少女の姿を思い出した。

この抱っこひも、週に一回ぐらい使うのではなかなか着装方法が覚えられない。保育園にかりんちゃんを迎えに行った時は、いつも着装に手こずる私を先生たちが助けてくれた。私が不器用なのかもしれないが……。朝、保育園に送るかりんちゃんのママの礼子さんと体の太さが違うので、まず腰ベルト、肩ベルトなどすべての長さを調節しないといけない。そうしないときつくて、つけることができない。

普段抱っこひもを使う母親があなたより体格が大きければ、抱っこひもを着用できても子どもを抱っこしたら、抱っこひもから転げ落ちてしまう場合がある。百七十センチをはるかに超える女性が増えている現代では、ありうることだ。

抱っこひもにはいろいろあるようだが、私が借用するものを、どうやってつけるのか説明してみよう。まず、目の前に抱っこひもを置く。抱っこひもにはいろいろあるが、抱っこする幼児を背中から支える大きな布地があって、その布地を腰に巻きつけ、肩から掛けるベルトがあると思えばいい。この抱っこひもを目の前に置き、着用したらどうなるかをイメージする。

抱っこひもの腰ベルトだけを裏返して、腰にあてバックル部分が前にくるように回す。バックルをつけたら、抱っこした時に体を支える布地の部分が前にくるように再び回して、もとに戻す。この時に、体を支える布地部分の裏表がちゃんとなっているかを確認する。次に、肩掛けベルトが、ゆるくもなく、きつくもなく、あなたの体にフィットするのか確かめる。

さてこれからが抱っこの本番だ。膝をついてすわり、対面するかりんちゃんを抱えて、布地部分にすわらせるようにする。そのときに、左右のバランスをうまくとって、両足を布地につ いたベルトに通さなければならない。そして、最終的には首のうしろに回したバンドのバックルをつけることになるが、保育園では、後ろにうまく手が回らない私を見かねた先生が、私を助けて、ぱちっと止めてくれた。この作業で、子どもの抱っこが終了。各ベルトがしっかり止まっていることを絶対に確かめなければならない。そして、私はかりんちゃんに「だいじょうぶ、きつくない？」と尋ねる。

抱っこする子どもの重さ

最近、「抱っこひも」で事故が多発しているという新聞記事があった。道具は道具でしかない。使い方を間違えれば何の役にも立たない。私は抱っこひもでかりんちゃんを抱っこする時には、必ず利き腕の左手で腰を持ち上げるように支え、右手で肩からおなかを包み込むようにしている。前屈みになることはできるだけしないで、腰を下げてものをとるようにしている。

いつごろまで、抱っこで移動するのか。私は孫たちの体重が十二〜三キロを超える頃までと思っている。なぜ？　そう思うあなたは、スポーツ用品店に行って、六キロのバーベルを二個、カバンに入れて胸に持って歩いてみよう。私にはかなりきつい。これに保育園で使う荷物などが加わる。さらに、子どもが抱っこされたまま寝てしまえば、重さは倍増する。

だから、保育園二年生になるのを前にして、ベビーカーを使うことが多くなった。育ジージ世代には、ベビーカーというよりも、乳母車と言ったほうがわかりやすいだろうか。

このベビーカーの利用も実は慣れないと、扱いに手間取る。折りたたみの仕方、雨の時のビニールシートの使い方、子どもの体の固定の仕方、車のストッパーの使い方などなど。

抱っこひももそうだが、ベビーカーもママの礼子さんはいとも簡単に取り扱う。姉のあかりちゃんも、ジージが手間取っていると、「どうしてできないの！」と使い方を教えてくれる。ママが操作するのを見ていて、覚えてしまっているのだろう。

私は不器用なのだろうか。そうではないと私は気づいた。考えてみると、どんなに頻繁に使っても、いずれの用具も週に一回使うか使わないかだ。一方、ママは毎日使用している。礼子さんも抱っこひもを使い始めた時に、どうやってつけるのかよくわからず、仲間のママたちに聞いたと言う。

道具を使うのだから、反復練習が必要なのだ。そうしないと、母親たちのように、普通に使いこなすことができない。特に、ベビーカーは機械だから、抱っこひものように融通が利かない。パソコンと同じで、手順通りの操作をしないとうんともすんとも動いてくれない。孫がいない時に、なんどもなんども組み立てては、たたんでみよう。

甲子園の球児になったつもりで、なんどもなんども反復練習をして、体で覚えるしかない。ぶっつけ本番で試合をしているだけでは、いつも同じエラーをする。

ふたりの孫たちとの移動術

さて、一歳と三歳ぐらいの孫ふたりを移動させなければならない時にはどうしたらいいのか。私自身は経験していないが、街で行き交う母親たちの行動パターンを観察すると、ひとりはおんぶ、もうひとりは抱っこしなければならない場合もあるだろう。

ベビーカーを使う場合には、一歳の子を抱っこしたまま、三歳の子を疲れるまで歩かせて、眠くなったらベビーカーに乗せて移動することになると思われる。駅の構内とか家族連れの多いところで、抱っこされた子は抱っこひもの中で爆睡、上の子どもがベビーカーになんとか乗って、うつらうつらしながら移動している光景を見かけるのはそのためだ。

おんぶと抱っこで、ふたりの子どもをひとりで運べないことはないが、ふたり合わせて、少なくとも二十五キロはあるはずだ。それにおむつや着替えを入れたママさんバッグなども持たなければならない場合であれば、相当大変だと容易に想像できる。

私は知らなかったのだが、抱っこひもはそのままで、おんぶひもになる。耳鼻咽喉科で会ったワーキングママさんにどうやって使うのかを聞いたが、どうも要領を得ない答えしか返ってこない。そこで抱っこひもの箱に書かれている使用説明を読んでみたが、どうしてもわからない。

彼女の話を要約するとこんな感じになる。まず、普段抱っこしている状態で、腰のベルトを緩すぎず、固すぎずつける。子どもを抱っこひもについているシートごと両手で抱える感じで、抱っこする。肩ベルトはかけずに、垂れた状態にしながらも、子どもとシート、ベルトの真ん中部分を前で一緒に持って、背中をかなり前屈みにして、「エイヤー」とばかりに腰ベルトを子どもごと、後ろに回す。その時に、抱っこしている子どもが、一瞬だが、背中にひとりで乗っている状態になる。そして、すぐ両脇に垂れた肩ベルトを肩にかける。めでたし、めでたし。おんぶ完了。その間、数秒たらず。

危なくないのか、どうやったら、うまく落ちないように子どもを背中に乗せることができるのかと聞いても、「うまくやればいい」と、まるで腕利きの職人が、見習い職人なんかには秘伝を教えないと言うような口ぶりで説明するだけだ。

女はやるしかない時には、「やるんです」。男のふがいなさも言外に批判している。そんなこと言われてもと思うが、彼女はおんぶすることは誰にも教わらずに、自分でやり方を編み出したのだそうだ。必要は発明の母と言うけれど、私にはそこまでの必要性がない。我が孫娘は十分重くなっている。「エイヤー」と気合いをいれて腰ベルトを回し、背中に乗せる自信はない。私はまだ、かりんをひとりでおんぶすることができずにいる。

ベビーカーの死角

安全確保が最優先

ベビーカーを押して街頭を歩いてみるとわかるのだが、自分では気がつかない死角がある。一寸先は闇ではないが、一メートル先には自分の目が届かない死角が待っている。

狭い路地などで人や自転車にぶつかりそうになって、思わず急停車することも。ベビーカーの先端が一メートル近く自分の前にあり、大事な子どもたちのつま先は、そこにあることには意外と気づかない。今度、ベビーカーを押している人を見たら、気をつけて見てみよう。信号待ちで、自分は歩道にいるのに、ベビーカーの先端が車道にはみ出している人がいたりする。

抱っこひも、ベビーカーの扱い方について長々と述べたのは、この二つが孫と自分が社会に出る時に使う用具で、そこにはいろいろな危険が待っているからだ。

病気の孫の世話を家でするだけではなく、外出した時に孫たちの安全を確保するのが育ジージの重要な役割。用具の使い方を間違えて、けがをさせては元も子もない。

ベビーカー使用時の交通事故は時に大変な事態を引き起こすが、それよりも怖いのは抱っこひもから子どもが落ちてしまうことだ。

抱っこひもからの幼児転落事故は、二〇一四年に東京都が消費者やメーカーと協議会を立ち上げてから、メディアが取り上げ始めた。その報告書によると、五年間で少なくとも百十七件の「転落」事故が起き、そのうち二十七件が頭を打つなどして入院する重傷だそうだ。

また保護者へのアンケート調査をやったところ、靴のひもを結ぼうとしたり、床に落ちたものを拾おうとしたりした時に、思わず「ひやり」または、「はっと」した経験を持つとの回答が三分の一以上にのぼったのだという。私も実は、靴ひもを結ぼうとして、ひやりとしたことがある。

ひとりで歩かせて

よく大人がよちよち歩きの子どもが倒れるのを心配して、手をつなごうとするシーンに出くわすことがある。安全を優先すると、これは「小さな親切、余計なお世話」だと思う。子どもは自分でコントロールできる運動エネルギーの中での自損行為には強い。つまりよちよち歩きをしている速度で倒れても、平気なのだ。逆に、「倒れるから危ない！」と思わず子どもの手を引っ張ると、その反作用を子どもはコントロールできない。コントロールできない力の典型は、ぶつかってくる人や自転車など。だからぶつけられないように気をつけるのは育ジージの役割だ。

もうひとつ子どもたちがコントロールできない力がある。それは重力だ。抱っこひもの事故も大半はこの重力に関わっている。つまり落っこちてしまう。足から落ちるなら問題はないが、抱っこひもの構造上、頭から落ちてしまうから危ないのだ。頭を守ることを第一に考える。

そう考えるとやってあげれば喜ぶけど、肩車を私はやめている。子どもがもう少しおおきくなってからでもだめ。すぐそばに誰かがいるときでも危ない。

子どもは落下によわい。実は歩き始めた子どもにとって安全なはずの自分の家に、この落下の危険が潜んでいる。見回してみよう。幼児が這い上がるのに最適な椅子や階段などがたくさんないだろうか。椅子にはなんとかのぼれても、おりるのが難しい。人間の足には目はついていない。

家の中に潜む危険は椅子などから落ちることばかりではない。はいはいをし始めれば、子どもたちにとっては何でもが興味の対象になり、最初の頃は何でも口に入れてしまう。タバコを食べてしまったなどというのは論外だが、あらゆる家具の扉を子どもの手であけられないようにしておく必要がある。

鉛筆、ボールペン、はさみなどとがったものも、目などに刺さったら失明の可能性もある。両親がしっかり対策をとっているはずだが、思わぬ動きを子どもたちはするものだ。育ジージをやっている最中は、三歳を過ぎるまでは安全圏と思える家にいても絶対に目を離してはいけない。

ブランコ急に止まれない

私はブランコがあまり好きではない。小さい頃はブランコから落ちる自分を想像して、いつもブランコするのをためらっていたのを思い出す。

ところが、孫たちはブランコが大好きだ。育ジージをやっていれば、子どもたちがブランコする手助けを必ず求められる。首がすわり、つかまり立ちをするようになれば、ブランコに乗りたがる子が多数派だ。子どもがブランコに乗りたがるのは、よちよち歩きをし始めて、公園デビューをした頃だろうか。

ブランコは楽しい反面、落下事故や、ブランコをおりたあと隣のブランコの軌道に歩いて入ってぶつかると重大な事故につながる可能性があるなど危険をともなう。といってもブランコを禁止することなどできない。

自分でブランコをやってみると、小さい頃に漠然と怖がっていたことが間違っていたと思い始めた。まず、手を離さない限り落ちる可能性は極めて低い。そこで、小さな孫たちをブランコに乗せたら絶対に手を離してはいけないと伝えること。次に、ついついお尻を押したくなるが、お尻の筋肉と背筋の筋肉がしっかりしていないと、お尻がそのまま前に滑って落ちてしまうことがある。

押してもだめなら引いてみな。座板を吊るしているチェーンの部分の両側を持って、ゆっくりと後ろに引いて離せば、お尻を滑らせることなく、ブランコが前に行く。前に行けば、当然後ろに戻る。自分でブランコに乗ることができるまではあまり大きく引っ張って、揺らさないこと。ブランコが前後に動き始めたら、後ろに来た時に、ちょっとだけお尻と座板を押してやると、ブランコは前後に揺れ続ける。

また、握力がまだ足りない子どもはすぐに疲れてしまうので、あまり長時間乗っているのは無理だ。両親がかりんちゃんをブランコに乗せていた時に、片手を離したので落ちたという。

ブランコで危ないのは、実は大きな子どもなどがブランコをやっている前を歩いて、ブランコをぶつけられることだ。孫たちがはしゃいで、ブランコに向かったり、おりたりする時には、危ない方向に行ったら、しっかり止めることができる態勢をとろう。

交通標語ではないけれど、「飛び出すな！　ブランコ急に止まれない」。

食物アレルギーに気をつけて

おせんべいでも死に至る

病気で家にいる孫たちを世話すれば、当然食事の用意をしなければならない。子どもたちには頻繁にエネルギーの補給が必要なのは、保育園で昼食をはさんでおやつが二回あることでもよくわかる。

朝ご飯と夕食は親が用意するとして、午前と午後のおやつ、そして昼食は育ジージの担当となる。おやつは市販のお菓子、果物、ヨーグルトなどでなんとかなる。問題は昼ご飯だが、病気で発熱していたり、おなかの調子が悪かったりする子どもはだいたい食欲がない。だから、離乳食プラスアルファーぐらいで足りる。二歳を超えれば、それこそご飯にインスタントみそ汁を付ければ足りる。

問題は水分をどのように補給するかだ。水、麦茶、場合によってはポカリを水で薄めてやる。牛乳は消化が悪いので、乳児を除いて、子どもがほしがってもやらないほうがいい。

栄養のバランスだとか、野菜が足りないだとかは二次的な問題で、だいたい子どもたちは一週間単位で栄養のバランスをとっている。今日、野菜をばりばり食べれば、次の日はお肉をもりもり。その翌日はどうしてそんなにご飯を食べるの?という具合だ。

それよりも大事なことは、孫たちが食物アレルギーを持っていないかどうかを知ることだ。食物アレルギーで死亡する場合もある。

食物の主要アレルギー源は知っているだろうか。農水省のホームページを見てみよう。以下の記載がある。

・アレルギーの原因となることが知られている食品のうち次の7品目は、患者数の多さや症状の重さから、原材料として使った場合だけでなく、原材料を作るときに使った場合も、これらが使われたことがわかるよう必ず表示してあります。

えび、かに、小麦、そば、卵、乳、落花生
・アレルギーの原因となることが知られている食品のうち次の20品目は、上の7品目と同様に、これらが使われたことがわかるよう表示することが勧められています。
これらの20品目が使われているのかどうか心配な方は、食品メーカーの『お客さま相談室』や『アレルギー専門窓口』に問い合わせましょう。

あわび、いか、いくら、オレンジ、カシューナッツ、キウイフルーツ、牛肉、くるみ、ごま、さけ、さば、大豆、鶏肉、バナナ、豚肉、まつたけ、もも、やまいも、りんご、ゼラチン（※ごまとカシューナッツが、平成25年9月20日に新たに追加されました。）

（農水省のホームページより）

エビ、カニはともかく、パンの原料である「小麦、卵、乳」に米のアレルギーが加わると、食べさせる物がなくなってしまう。

基本的にアレルギーを引き起こすアレルゲン（抗体）はタンパク質。細菌などもタンパク質の一種で、体に入った細菌を殺す為に抗体ができる。

米のどこにタンパク質があるのか。これが回答だ。

「米アレルギーとは、米をアレルゲン（抗体）とした食物アレルギーの一種です。米の外側は、たんぱく質を含んでいるため、このたんぱく質が米アレルギーの原因となってます。日本人の主食である米が食べれない場合には、米の代わりにパンやうどん、また穀物として粟・きび、ライ麦等の代替食品を摂ることが出来ます。米アレルギーの禁止・注意食品としては、米は当然のこと、米に近いとされる玄米やもち米、また、上新粉や白玉粉のほか、ビーフンや玄米茶、みりん、清酒といったもち米加工品、さらには、もち菓子や煎餅（せんべい）といった米を使った菓子等があげられます。」（『アレルギーと病気辞典』ホームページより引用）

最低限、農水省がアレルゲンとしている食品原料は、加工された食品には表示されている。しかし、スーパーの店頭に並ぶ新鮮なリンゴやミカンを見て、これを食べさせたいと育ジージが思っても、あなたのお孫さんにリンゴアレルギーはありませんか？などという表示があるわけはない。

だから、孫たちが何を食べていいのかはその子の親にしっかり聞いておかなければならない。私は幸か不幸か、長男が幼い頃生エビを食べると、くちびるが腫れ上がったので、アレルギーの怖さを知っている。だから、離乳を始めたかりんちゃんに「イチゴは食べさせていいですか？」などと母親に聞いてから、スーパーで買って行くことにしている。

かりんちゃんは六月生まれなので、四月からゼロ歳児の市川市の市立保育園に通い始めた。オッパイ断ちは、そのときだった。四月二十五日の連絡帳に、今日で「母乳は最後にします」と礼子さんが記載。だから、家だけではなく離乳食、普通食への移行は、保育園で完成している。

その頃から、保育園の調理師の方から送られたメッセージは、詳細にこれからこの食材を調理で出すが、それまでに食べても問題がないか家庭にチェックをすることを求めている。

「8月18日　ホタテ缶を食べさせます。（園）」

「19日返信　ホタテは多分まだたべたことが、ないので食べさせてみる。」（母からのメモ）

「8月25日　9月より幼児食で出したいと思います。

食材のお知らせ　えび、根菜類、こんにゃく、パイン缶、たらこ（焼いてほぐして、ご飯に混ぜます。）さんま（16日）」。

このメモに礼子さんが、赤字でOKをつけて返信している。

幸い、ふたりの孫には食物アレルギーはない。しかし、アレルギーを持つ子どものほうが多いぐらいに、現代社会では食物アレルギーが増えている。アレルゲン七品目を使わないカレールーを最近、大手カレーメーカーが発売したとのテレビコマーシャルがあったぐらい。なんでも食べることにどん欲であった団塊世代の私たちは、死に直結する「食物アレルギー」が存在することを頭の片隅にしっかり置いて、「育ジージ」をやろう。

あなたは孫のベストシェフ

育ジージになった。さて、食事の支度は……。あなたが食事の準備をしなければならない孫たちに、幸い食物アレルギーはなかったとして話を進めよう。

まずは冷蔵庫をのぞいて、残り物で孫たちが食べることができるものをさがしてみる。あるいは、親が出勤する前に食べさせる物があるか聞いておく。これなら、料理ができないあなたでもできるはずだ。食べ物を加熱させるのは、電子レンジにおまかせすればいい。量は少なめに、種類をなんとか多くする。

果物の皮をむくことぐらいは誰でもできる。リンゴの皮などは消化に悪いのでかならず皮をむいて与えよう。また、子どもの年齢に合わせて、細かくすることも必要だが、一歳を過ぎると薄く切れば、リンゴなどはかじって食べることができる。

バナナは楽チン。ナイフで輪切りすれば、ぱくぱく食べてくれる。

あなたが幼かった頃、バナナは高級な果物ではありませんでしたか？　一ドル三百六十円の時代で、月給が一万円ぐらいの頃、一本うん十円。お祭りでバナナの叩き売りがあった時代から、バナナは完璧な栄養食品。南の島国ではバナナさえ食べていれば、飢えることがない。ご存じのように、バナナは栄養的には完全食品だ。一方、おなかの風邪をひいた時には、水分補給にもってこいでも、ミカンは消化が悪いのでさけたほうがよい。

ここで古典的なおかゆの作り方と、それにつける炒り卵の作り方を伝授しよう。これなら、料理をやったことのないあなたにも必ずできる。

どんな米でもいい。大さじ一杯用意する。研ぐ必要はない。それをどちらかと言えば厚手の鍋に入れ、たっぷりの水で煮る。塩を耳かき一杯ぐらい。

最初からとろ火で煮るのがコツで、三十分以上たつと米粒の原型をとどめない立派なおかゆさんができている。厚手の鍋を使うのは、とろみが出てきた後に焦げ付かせないためだ。
炒り卵は簡単。木の割り箸とタマゴを一個用意して下さい。できればテフロン加工のフライパンを用意して、火をつける前にタマゴを一個割っていれる。油は使わない。とろ火を点火。それから、割り箸でひたすらタマゴをかき混ぜる。何の変化もないようだが、だんだんとお箸でかきまわしたフライパンの底で固まりらしきものができてくる。さらにただただかき回すと、なんとスジ状だったタマゴが、小さな固まりに分離してくるではないか。さらに少しかき混ぜて、余分な水分をとると、立派な炒り卵の完成。パチパチパチ！（これは拍手の音です）
先ほど作ったおかゆをご飯茶碗に入れ、少しさましてから、今作った炒り卵をふりかける。それでは少し寂しいので、アンパンマンふりかけなんか出してちょっと加える。それを小さなスプーンにすくって、あげれば、子どもは大喜びで食べてくれる。
ではみそ汁。これは乾燥野菜などと生みそが別々に包装された市販のみそ汁で十分。これを大きめのお椀に熱湯で溶こう。これが結構うまい。しかし、塩分が大人用になっているので、指定したお湯より多めに入れること。熱湯で溶くので、ある程度さましてから子どもにはあげよう。かりんの場合にはお椀を両手で持って、ぐいぐいと飲んでいく。水分の補給になるので、これはお勧めだ。おかゆは少ないようで、十分小さなおにぎり分ぐらいはある。消化もいいのでエネルギーはこれで足りる。後はひたすら寝させることを考えたほうがよい。

とっておきのレシピ

孫たちが病気から回復してきたら、とっておきの一品がある。トマトシチューだ！　トマトシチューなら、料理をしたことのないあなたにも作れる。

レシピは以下のとおり。

用意するもの　タマネギ2個　ジャガイモ2個　人参1本　鶏肉（スーパーで唐揚げ用に売っているもの、量は適当）　トマト缶（ホールトマト缶またはカットトマト缶）　マギーブイヨン1個
ジャガイモは皮をむいて。野菜は子どもが食べやすい大きさに適当に切る。厚手の鍋にサラダオイルを入れ、弱火でタマネギを炒める。次に鶏肉をいれ、表面が薄く白くなったら、残りの野菜をいれて、数分炒める。

水を加えて中火で煮る。煮立つと灰汁《あく》が出てくるので、お玉で軽くすくう。10分煮たら、マギーブイヨンを加える。他のメーカーのスープの素でもいい。次にトマト缶（ホールトマト缶でもいいが、カットトマト缶のほうが溶けやすい）を加えて、20分ほど弱火で煮る。

出来上がりに、塩を少々入れて、味見する。塩味は薄いぐらいでいい。コショウは入れない。

これだけで終わり。深めのお皿に入れて、パンといっしょに食べさせればいい。大きめのお皿に入れると冷めにくいのでだめ。子どもたちは猫舌だということを思い出そう。

食器について、ついでに一言。

幼児用のかわいらしい食器が売られている。これを子どもたちが大好きかというとそうでもない。自分でスプーンやフォークを使えるようになってくると、大人や年上の兄姉の使っている食器やコップを使いたがる。かりんちゃんは特にコップにこだわりがあるようで、割れないプラスティックのカップは大嫌い。それに大好きな牛乳をついでも、飲もうとしない。結局、食器棚の前で抱っこして選んでもらうと、大人用の比較的大きいガラスのコップを選ぶ傾向がある。両手でつかみやすいこともあるのだろうが、どうも自分も大人たちと対等の立場であることを誇示したいらしい。

いつおしっこをして、いつご飯を食べるの？

いつ、おしっこをするのか？　子どもたちのことではない。自分のことだ。ウンチをするともなると、育ジージにそれほど選択の余地はさらにない。

何しろ相手は、おむつという便利なものを着用しているので、いつでも、どこでもおしっこもウンチもできる。ひとりでおしっこやウンチができるような年齢に子どもたちがなれば別だが、ハイハイをする生後六カ月ぐらいから、歩き始めたが、言葉をまだ完全に理解しない一歳半や二、三歳ぐらいまでの孫の面倒をみる時を想定している。あなたが大人用のおむつを着用しているなら別だが、家の中では密室のトイレにいかなければならない。

彼女や彼たちは想定外の行動に出る。だから孫たちからは、文字通り片時も目を離せない。
離さない。だから、私は孫の家にいる時、泥棒のように用足しは子どもたちの寝入りばなを利用する。寝かしつけた直後に目を覚ますことはまずない。深い眠りに入ったことを確認して、ただちにトイレへ。尿意があるなしは関係ない。できる時に少しでもためないでおくことが肝心なのだ。

大は便意がないとなかなか難しいので、できるだけ孫の家にいく前に済ませておく。また、便意を催したら孫をトイレのそばにすわらせて、話しかけながら、素早く済ませる。もちろん、彼や彼女が寝ている時がベストであることは間違いない。

外に出ている時はどうするのか。病院であれば、看護師の人に頼んですばやく済ませる。外にいる場合、抱っこひもで抱っこしている場合は、やったことはないが、体を後ろに反らせ気味にすれば、どちらもできるだろう。ベビーカーに乗せている場合は、多目的トイレにそのまま入り、ベビーカーから降ろさない。ベビーカーは安全ベルトで子どもが落ちないようになっているから安心。

「ジージなにしてるの?」と聞かれたら、「ウンチ」あるいは「おしっこ」と素直に言えばいい。子どもたちは動物がウンチをするのを見るのが大好きだ。ジージも動物の一種であることは間違いない。

この行動様式は育ジージの宿命と思い、我慢をする訓練をしよう。おしっこの間隔が短くなっている方にはつらいだろうけど。

いつご飯を食べるのか？　これも子どもたちに食事を与えることではない。子どもの食事の時間はほぼ一定している。

自分がいつご飯を食べるのかだ。はっきりいうと、ゆっくりご飯を食べる時間は育ジージにはほとんどない。子どもが大きくなれば、一緒に食事をすることもできるが、三歳ぐらいまでは自分の食事の時間はないと思ったほうがよい。だから、私はコンビニでおにぎりとサンドイッチを買って行く。子どもに食べさせながら、自分はおにぎりをがぶりだ。

サンドイッチはトランプゲームを中断するのを嫌がったイギリスのサンドイッチ伯爵が発明したことになっているから、いわゆる「やりながら」の最中に食事をするにはもってこいだ。パンのひとかけらをお口直しで子どもにやることもできる。そして、「私は英国貴族」と勝手に思って、にやりとしてみよう。

ベビージッターから育ジージへ

生まれた時から意思を持っている

生まれてすぐのあかちゃんはお母さんが面倒をみる。母親になった女性が企業に就職している場合にはどのぐらい長い産後休暇期間があるのだろうか。まず出産後一日から八週間は、企業は女性をはたらかせることができない。保育園などが見つからなければ、一年半までの育児休業が認められている。

となると、ベビージッター（ベビーシッターをする祖父）を開始する可能性があるのは、生後二カ月から一歳半の間ということになる。母親が自分で仕事をしている場合、就業一年未満の場合には適用されないので、それこそ生まれてすぐに乳児の面倒をみることもあるだろう。いつ、どのぐらい長い時間、乳児の面倒をみるかにより、対応が変わる。

ではベビージッターはいつ育ジージの役割を担うようになるのだろうか。歩き始めた頃か？私はノーだと思っている。

それは首がすわった頃ではないだろうか。首がすわるのは、生後四、五カ月。それが乳児から幼児への境かと言えば違うと思う。ヒトは生まれた時から、意思を持っている。だから仰向けに寝かされている時も、自分で目線を向けたがる。

少し成長して目線を目的物に向けるために首を回すには、首がすわることが必要だ。首を回すという認識行為を自らの意思で始めることができるかを、ひとつの境界と考えてみることにしたい。

でもベビージッターで二、三カ月のあかちゃんを抱っこすればわかるが、抱っこしながらあかちゃんの顔をいろいろな方向に向けてやると、かなり喜ぶ。新しい世界との出会いがあるからだろう。

ヒトは胎内にいる時からヒトであるとの専門家の指摘もある。

子どもたちのスピードについていく

子どもたちはいつでも、全力疾走だ。

よちよち歩きから、一カ月もたたないうちに信じられない速度で、子どもたちは歩き始める。自分では走っているつもりなのだろうか。あっという間に、遠くに行ってしまうから、後で追いつこうと思っても駆け足どころではすまなくなる。

では子どもといつも手をつないでいればいいのか。ノーだ。安全な場所では歩き始めた子どもの手を持ってやってはいけない。子どもたちは両手を使って、歩く時のバランスを保っている。綱渡りのサーカスの人が長い棒を持っているように両手を使っているのを妨げてはいけない。また、手をつないでいれば自分で倒れることもできない。子どもたちは自分で倒れることで、柔道の受け身のように安全な倒れ方を学んで行く。

倒れても、それほどけがをすることはない。転んで泣いても、びっくりしたのが理由の場合が多い。育ジージが気をつけなければいけないことは、ガラスやとがったものが歩いているところにないか注意していることだ。

危ない場所では歩かせないか、手をつなぐ。子どもたちは本能的に危ないと感じた場合には、自分で育ジージの手を握ってきたり、「抱っこ」を要求したりする。その場合に、私の場合はお互いに手のひらをにぎって、手をつなぐことはしない。私はかりんちゃんの手首を、かりんは私の人差し指をしっかり握るようにする。

子どもはつかまり立ちを終え歩き始めると急速に世界を広げて行く。求めているのは新しい体験であって、ママのおっぱいにしがみついている安定ではない。もちろん、さびしくなればママのおっぱいが恋しくなるのは当たり前だが、本質的には自立に向けひとりで歩こうとする。

彼女や彼たちは必要な時に手をつなごうとしたりして、援助を求めるが、それは大人たちが当然やるべきことだという認識が基本的にある。

唐突な話だが、ニューヨークでは公共バスに車椅子の人が乗る時に、ドライバーは運転席を離れて、車椅子が入り口のリフトであがるようにセット。乗客がバスに乗り込むのを手伝うこともある。降車の場合は、その逆をするが、車椅子の乗客はありがとうと言うことは滅多にない。バスの中の乗客はその間、文句を言うこともなく、黙って待っている。

話を子どもたちに戻そう。彼らは自分で生きようと必死だ。歩くことも、走ることも、食べることも。それを助けてもらうのはあたり前なのだ。助けを求めることが、今は弱者の子どもたちにとって自立の方法なのだから。そして、その手助けをするのが、かつて自分も子どもだった大人たちがやることだ。何をすべきとか、何かのお願いとかではなく、自然に助けを求め、自然に助ける手が出る関係が、孫と育ジージの関係だと思う。

保育園の先生が園児の面倒をみるように、保育園などで泣いている子どもを仲間の子どもが慰めている場面をしばしば見る。かりんちゃんも、ゼロ歳児から一歳児クラスに進級した時に、新しく入ってきたあかちゃんを慰めていたとのメモが連絡帳に書かれていた。

もちろん、ものの取り合いなどでけんかもする。それも人間だからだ。それ以上に、助けを求め、助けることもある。それを子どもたちは日々学んでいる。

あかりちゃんがピアノのレッスンを受けているある日の夕方、ピアノ教室のそばの京成八幡駅の改札までの階段をかりんちゃんが上りたがった。相当長い。まだしっかり歩き始めて、数カ月足らずのかりんは自分の背より高い手すりにつかまりながらひとりで歩き始めた。途中から、ちょっと疲れたのか私の手を握った。それでも階段の上にある改札口までひとりで歩き続けた。

そのとき唐突に、私は小椋佳作詞、作曲の「シクラメンのかほり」の歌が聞こえた。

「疲れを知らない子供のように時が二人を追い越してゆく……」

そう、それほど遠くない時期に、かりんちゃんは育ジージの手を離れて、ひとりですいすいと長い階段をあがって行くことだろう。育ジージにとって一年は短い。でも子どもの時間の物差しではそれはとてつもなく長い時間なのだ。

二週間も会わなければ、子どもたちは少なくとも、その十倍の時間を生きている。天国にお先に行くのは間違いなく育ジージ。でも、その哀愁をまだ大人にならない「子どもはわかってくれない」。

育ジージへの肉体改造

「疲れを知らない子供のように」ではない。体力あふれる本物の子どもとサバイバルするのが、育ジージの使命だ。相手は疲れを知らない。というよりも、疲れが頂点に達すると突然行動をやめたり、眠ったりしてしまう。

ご存じだろうか。一歳ぐらいの子どもがご飯を食べている。口に食べ物を入れて、そしゃくして静かになったので変だなと思ったら、フォークを握り、ベビーチェアに座ったまま眠り始めていたなどはよく起こる現象だ。相手は疲れを知らなくとも、疲れに耐える持久力では育ジージは負けない。だが、育ジージになるには子どものスピードと要求に応えることのできる肉体的トレーニングが必要になる。

「疲れを知らない」と思っていたら、走るのを突然やめ、「抱っこ」を要求する。抱っこしたと思ったら、すぐに顔を肩につけて眠り始める。そこが家から離れた公園ならば、体重が十数キロを超える子どもを抱っこしたまま、なんとか家に帰還しなければならない。眠った子どもは、自分で体のバランスをとらないので、ずっしりと重くなる。

家にたどり着く。片手で子どもをかかえながら、なんとか育ジージバッグから鍵を取り出し、ドアーを開ける。中に入る。玄関で寝たままの子どもを抱っこしたまま、靴を脱がせるためにかがもうとする。なんとかかがむことができたが、今度は立ち上がれない。がんばれ、育ジージ！

自分の靴を脱ぐのも、つま先で靴のかかとを押してなんとかやった。こんな時、靴を履いたまま、部屋に入れるアメリカでの生活がなつかしくなる。靴を履いたままベッドに寝かせればいいのだから。子どもはまだ寝ている。畳の部屋にある昼寝できる布団に寝かせなければ……。

ゆっくり、ゆっくり痛い腰を曲げていく。「起きないでよ」と思った瞬間にお目めをぱっちり開け、何事もなかったように育ジージの胸を離れ、部屋の中の散らばったおもちゃで遊び始める。子どもたちの疲労からの回復力は驚異的なのだ。

肉体的には腕力と握力の持続力の維持が重要になる。特に利き腕ではない腕の筋トレは定期的にやって、抱っこに備えよう。

それ以上に大切なのは膝の曲げ伸ばしが楽にできるように体をやわらかく保っておくことだ。孫たちと砂場で遊んだりすると、彼らの身長に合わせて腰をかがめることが頻繁になる。私はどういうわけか、足首が痛むので、特にかがんで孫の面倒をみることが苦痛になることがある。

長時間の筋トレは計画しても、どうせやらなくなる。短時間でできる育ジージ体操を紹介しよう。両腕の肘の部分を両脇につける。手のひらは上を向け、力を入れてそのまま空気をゆっくりと持ち上げるようにする。その時同時に、手のひらを握る。これを繰り返せば、腕力と握力の筋トレになる。

認知症予防に育ジージ

筋力、瞬発力なども、子どもの世話をするには重要だが、それ以上に子どもの行動と周囲をしっかり認識する力も大事だ。特に、視覚。歳をとると、どうもきょろきょろしなくなる。育ジージを目指すなら、若いころを思い出してきょろきょろとあらゆるものを見回してみよう。そして、「迫り来る危機」に対し、ウルトラマンレオになったつもりで対処しよう。

子どもの目線の高さと大人のはかなり違う。大人に見えている物が、子どもには見えていない。逆に子どもが見ているものを、大人の育ジージが見えていないことがしばしばだ。

育児の世界はどんどん進化している。歯科医の世界で、技術がどんどん進歩するので、ベテランの歯科医よりも若手の方が新しい治療技術を習得している場合が多いのと同じ。子どもの本質は古今東西変わらなくとも、育児技術というものがあるのであれば、それは日々進化している。技術を支える道具、材料もどんどん変わっていく。その変化を頭ではなく、見ることで認識していこう。ベーゴマとビー玉で遊んでいた時代ははるか遠くにある。

今までの育児に関する固定観念を捨てないと、孫のママや保育園の先生とまったく話が合わなくなり、孤立する。あなたが現役時代に「育児」などまったく放棄した仕事人間であったならば、それこそ日々、育児技術を学んでいかなければならない。その際に育児書が役に立つかどうかは、あなたの判断になるが、私は現場のひとたちの話を聞いて学んだことが多かった気がしている。

それと自分たちがどんどん老いていく存在であることも自覚したい。認知症だってひとごとではない。事実、私は六十五歳を過ぎて固有名詞が思い出せなくて困ったことがある。まだ、忘れたことを自覚しているうちはいいのだが、忘れたことさえ忘れると、完全に育ジージ業務に支障をきたすからご注意。

その意味で、日々新しいことを学んで行く育ジージ生活は、あなたを若返らせるに違いない。なにしろ、「超」若いひとたちの世界に入って、過ごす時間が長いのだから。インコセラピー、ドッグセラピーよりははるかに、認知症の予防になるはずだ。

あなたは確実に老い始めている。そのことをしっかり自覚することと、子どもがどんどん成長することを忘れないように。

里帰りした孫を、おじいちゃんが自宅の駐車場でひいて死亡させたなどという痛ましい事故が年に数回は起きている。背の低い子どもは車の死角に入ることがたびたびある。小さいと思っていた孫がすっかり成長して、思いもかけずに自分で靴を履いて車に近づいていることなどはあり得るのだ。孫を車のベビーシートにベルトで固定する前には、絶対に車のエンジンはかけないのを常識にしよう。

育ジージの適齢期

小学校への入学式が全国である四月。一日付け朝日新聞一ページ広告に、子ども向け雑誌『小学一年生』を親子四代にわたって利用している岐阜県の家族の話が載っていた。

小学校一年生の男の子は、当然だが、六歳。お母さんは四十三歳。祖父は七十二歳。曾祖母は九十三歳だ。広告だから、書かれていないが、おそらく四世代が同居しているのだろう。

誕生日を無視して年齢から計算すると、曾祖母が母になったのは二十一歳、祖父が父になったのは二十九歳。そして、小学一年生のお母さんが出産したのは三十七歳になる。

私は三十歳で父親になった。私の奥さんは出産した年に三十一歳になった。今は女性が定職に就くことが増える中で、三十代半ばから後半での出産はめずらしくない。そうすると、祖父がある程度の年齢になった時に、初孫が生まれるケースが増える。広告に掲載されたおじいちゃんは、だいたい六十六歳ぐらいから孫の面倒をみていることになる。

私は会社を五十五歳で早期退職して、会社を設立したものの失敗。六十歳から孫娘あかりちゃんの面倒を時々みるようになった。今は六十六歳。二人目の孫娘かりんちゃんが小学校に入るぐらいまで育ジージを続けるとして、私は七十一歳になる。その辺りが、育ジージを続けることのできる体力と知力の限界点かもしれないと思う。

心身ともに健康だとして、私は育ジージの定年を七十五歳ぐらいではと予測している。

ここで勘違いしないでほしいのは、育ジージを必要とするのはせいぜい小学校二年生ぐらいまでで、その後は育ジージというよりも、安全確保のため、一緒にいることだけを求められるチャイルドシッターのような存在になる。

あなたも小児科で受診を

無病息災がベストだが、あなたも時々お医者さんにかかることがあるだろう。その場合には、けがをして外科や整形外科に行く場合を除いて、小児科と内科を併設する「ファミリークリニック」に通うことをお勧めする。内科と書かれていなくとも、大多数の小児科は大人も診察してくれる。

「育ジージ」が孫たちの面倒をみる場合は、彼女や彼たちが病気の時が多い。本当に重篤な病気やけがの場合には、当然ながら親が駆けつけて面倒をみなければならないだけでなく、入院することも選択肢に入ってくる。

ファミリークリニックに行くと、そこには必ず病気の子どもたちがいる。その様子を観察してみよう。かなり元気だなと思って、親に話を聞くと「熱が三十九度以上あります」などと言われることはざらだ。逆にぐったりしている子どもの親に聞くと、ただ眠たいだけで予防接種を受けにきたなどという場合もある。小児科医ではないけど、いろいろな状態の子どもの姿を見ておくと、いざという場合に役に立つものだ。

ファミリークリニックのそばに、子どもがよく行く公園などがあったら、ついでに寄って、元気に遊ぶ子どもの姿を見ておくと、これまた参考になる。常に子どもたちの行動と状態に関心を持つこと。これこそ「育ジージ」魂だ。

保育園の先生に学ぶ

園長先生が教えてくれた

秋だったと思う。熱を出して、おなかの調子が悪いかりんちゃんの面倒をみているときだった。夕方、それまで順調だったかりんちゃんが突然泣き出した。昼寝が足りなかったかなと思い抱っこした。いつもは抱っこをして体を揺すっていれば、なんとか眠るのに、その日はなぜか泣き止まない。ますますひどくなる。こんなことは初めてだった。

子どもが泣く時は、まずびっくりした時、自分がやりたいことができない時、眠い時、そしてどこかが痛い時だ。そして、子どもはどこが痛いのか自分の言葉で言えないことがほとんどだ。頭が痛いと言っても、中耳炎などで耳が痛いのかもしれない。何となく気分が優れないのかもしれない。

おなかを触ってみると、ちょっと張り気味。かりんちゃんはどうしても泣き止まない。いつも連れて行く小児科は木曜日でお休みだ。万が一、盲腸や腸閉塞にでもなっていたら、命に関わる。困り果てた私はかりんを抱き、歩いて五分ほどの保育園に相談に行った。園長先生が泣き続けるかりんちゃんの様子をみて、麦茶を飲ませると、なぜか泣き止んだ。園長先生によれば、なにか「不快な」ことがあったのだろうという。

保育園の保育士の先生たちはしっかりと子どもたちを見ている。ウソ泣きとホント泣きの区別をつけるのには長けている。園長先生はとりわけ、体調の悪い子どもたちの面倒をほとんど毎日みているので、診察をするわけではないが、事態がどのぐらい深刻かについては、かなりの程度の判断はできる。

園長先生は正しかったようだ。どうも家にいるのに飽きて、保育園に行きたかったようだ。そういえば、抱っこして家を飛び出してから、心持ち泣き方が和らいでいたのを思い出した。

保育園の先生はひとりで、ゼロ歳児なら三人、一歳児以上であれば、五人の幼児の面倒をみる。プロにしてこの数だ。だから、育ジージが同時に面倒をみることができるのは二人から三人までと思っておいたほうがいい。

保育士の先生たちはとても忙しい。保育園の送迎時にもなかなかゆっくり話す機会がない。短時間でもいいので、一言、二言話をしてみるととても参考になる。特に年長クラスになると、孫も精神的に悩んでいることもある。しっかり子どもたちをみている先生の意見はとても貴重だ。彼女たちの多くは、自分自身が別の保育園に子どもを預けてはたらいているケースが多い。育児の悩みはひとごとではないので、真剣に話を聞いてくれる。

保育参観、祖父母と子どもたちのお楽しみ会、運動会など長時間にわたり一緒にいることのできる機会は多い。必ず参加するようにしよう。保育園の他の子どもたちを見ると参考になることが多々ある。

連絡帳を育ジージの参考書に

育ジージを必要としている孫たちは、圧倒的に長い時間を保育園で過ごしている。朝ご飯を親とすませてから晩ご飯までは、保育園で昼ご飯もおやつも友達たちと一緒に食べ、遊び、お昼寝をする。お正月休み、祝休日を除いて病気にならない限り、一緒にいる。病気のかかり始めでは、園児たちの普段の元気な状態を良く知っているので、親よりも気づくのが早い場合もある。

保護者と保育士の担任の先生は、毎日連絡帳に体温、食事の様子などについて、情報を交換している。その他の欄は、保護者と先生たちの交換日記とも呼べる密度の濃い情報が書かれている。家でつかまり立ちをしましたと母親が報告すれば、「園でも……」との返事が返ってくるように。

育ジージは自分にとって長く感じられても、限られた時間しか孫たちと過ごしていない。月単位の変化はなかなか実感できないものだ。だからこそ、連絡帳を定期的に読ませてもらい、子どもの成長過程を知ることがとても重要になる。体重が増え、身長が伸びただけではなく、子どもたちの精神的成長を見極めて、対応する必要が必ず出てくる。

孫たちの人生の中で、育ジージは相対的に極めて短い時間を過ごしている。孫たちの面倒をみている時、ふとこれでいいのだろうか、自分は間違ったことをしていないのだろうかと思った時に、保育園の連絡帳を見てみるといい。

ああ、こんなこともあったんだ。「自分が感じたのと同じじゃないか！」と思えば、気が楽になってくる。

「ジージ、ジージ」と相手にしてもらえるのは、七歳ぐらいまで。小学校に入学して、学童保育に通う頃には子どもたちは「育ジージ」離れを始める。それまでに、子どもたちの心の中に自分の立ち位置を確保しておこう。

スープの冷めない距離

孫たちの家や保育園からどれくらいのところに住んでいるのが、育ジージにとってベストなのだろうか。逆の言い方をすれば、結婚した息子や娘が、実家からどれくらい離れたところに住んでいれば、育ジージの役割は可能なのだろうか。

近すぎず、遠すぎない親の家との距離を測る言葉として、「スープのさめない距離」という文句が以前、女性の間に流行ったことがあった。干渉されたくないけど、疎遠になるのもちょっとという女性の気持ちをよく表している。自分の息子か娘の家かは関係なく、そこには独立した家庭が営まれているのだから、彼らがそう考えるのは現代社会では当然なのだ。

育ジージ業務を遂行する立場からいえば、一時間以内に何らかの方法で到着できるところに住んでもらうのが望ましいという実務的な答えが出てくる。保育園などで発熱した場合には、だいたい保護者が一時間ぐらいで駆けつけてくれることを想定しているからだ。

朝、起床して熱を測ったら高かったというような場合、一時間以内に家へ着くことができれば、多少遅刻しても、ワーキングママは出勤できる。可能であれば、三十分以内の場所にお互いが住んでいればベストだ。それも交通手段は電車を使わずにバスあるいは自動車や自転車で行けることが望ましい。電車は万が一の時には運行が止まることもあると認識しておいたほうがよい。二駅ぐらいなら、いざとなればタクシーを飛ばせばいい。

育ジージ側の意識として、息子や娘の家とはいえ、独立した家の中に入るのだということを自覚することが大事。そう意識すれば、二つの家庭の摩擦は避けられる。消防士さんのような救援活動をするとはいえ、その家が実際に火事になっているわけではない。土足で他人の家に踏み込むようなことは避けよう。息子や娘の家庭には、その家庭ごとの運営のしかたがある。お鍋の位置から、ゴミの取り扱い方、食器のしまい方などなど、初めて家に入ると、戸惑うことは多々ある。しかし、孫の面倒をみるのだから、子どもの着替えのあるところ、汚れた衣類を置くところなど一度はしっかり聞いて確かめておこう。孫たちが使用する食器も確認しておく。特に大事なのは、孫たちの「お薬手帳」をふくむ保険証や母子手帳がある保管場所をしっかり聞いておくこと。

　また、冷蔵庫はある意味で、その家庭のあり方を反映している。共稼ぎの場合に、冷蔵庫内をきれいに整頓しておく時間もない場合もある。もともと、冷蔵庫は自分たちが生活するために、食べ物を冷蔵したり、冷凍したりするためのものだ。他人が勝手にどうこうするものではない。しかし、孫たちに飲み物や食料を与えるためには、どうしても冷蔵庫を利用しないといけない。トラブルを避けるために、中にあるものをどこまで利用していいのかなどを話し合っておいたほうが無難だ。

　風邪などがうつらないように、自分用のマイカップを置かせてもらう方法もあるが、私はやっていない。なんとなく侵略的な感じで嫌なのだ。

　また、育ジージは孫たちと昼食をとることがあっても、夕食は自分の家でとったほうがよい。そうしないと、精神的にもお互いにしんどくなって、長続きしなくなる。孫たちの両親は仕事を終え、疲れている。どれだけ、助けになる父だろうが、母だろうが、おたがい口をきくのも面倒な時もある。

　電気器具なども、新しいものを購入している可能性が高いので、自宅の古家電とはまったく操作が違ったりする。

　なによりも大事なのは、その家の運営については、その家庭のひとたちに決定権があるという認識を持つことで、そうすれば、こうしたらいいのではなどと余計な気をつかわずに済む。

あなたが面倒をみる孫は、シングルマザー、シングルファーザーの子どもの場合もあるだろう。父親あるいは母親がフルタイムではたらいているが離婚。一緒に暮らしていない祖父母が、保育園の送り迎えをしなければならない場合もあるかも。その場合は送りだけは親に依頼するのも選択肢になる。

フルタイムで孫の面倒をみるのは負担が大きすぎる。特に二十四時間、孫の面倒をみるのは、子育てを終えた祖母にとっては精神的にも、肉体的にも負担が重すぎる。祖母と言ってもまだ若い。おばあちゃんと呼ばれるよりは、外での活動を好む女性が多いはずだ。

相手が息子夫婦だと、母と息子の妻の対立が出てくるのは目に見えている。実の母と娘の場合は更に深刻という報道もある。

子どもたちの人生があるように、おばあちゃんになった女性にも人生はある。そこで、育ジージが活躍する必要性がでてくる。さあ、あなたの出番だ。会社人間を捨てて、新しい世界に飛び込んでみよう。保育園であなたより相対的にかなり若い魅力的な先生たちとお話をすることもできる。

そんなことを考えていくと、二世帯共同の一戸建ては近すぎる気がする。お互いにちょっとしたことで、気まずくなると修復するのが不可能になる。どんなに近くに住んでも、せいぜい同じ敷地内のマンションの別棟に分かれて住むぐらいではないだろうか。

遠距離育ジージの可能性

私の友人は六十代後半になるというのに、タイ語の勉強を始めている。スカイプでバンコクのタイ人教師の個人教授を受けるだけでなく、バンコクに滞在して、集中講義も時折受けている。タイ語は文字が独特なばかりでなく、発音が中国語などよりはるかにむずかしい。声調が変われば、それこそ白が黒にもなる。

バンコクに住む息子さん夫婦に待望のあかちゃん誕生。友人はタイで夫婦を助けるために、ベビージッターとその後に続く、育ジージの仕事など、どのようなことが可能なのか思案中だ。出産後は一年にわたり、義理の娘さんの母親と交互にバンコクに居住して、あかちゃんの面倒をみるかもしれない。

日本で病気の時にあかちゃんや幼児の世話をするだけであれば問題ないことでも、外国で育ジージをやろうとすれば、現地の言葉を知っている、知っていないでは活動の幅が違ってくる。友人はすでにベビーカーなども日本で購入。渡航の準備を進めている。

タイでの育ジージ生活を計画する友人自身、共稼ぎだった。息子さんが生まれてから、病気になると両親のどちらかが、遠方から電車で三時間かけてやってきて、息子の面倒をみてくれたのだという。幸い、両親は商売をしていたので、なんとか時間と仕事のやりくりができた。

だから、今回海外で、初孫の面倒をみることを負担と思っていない。むしろ、定年後の新しい目標ができて、精神的に充実しているという。

現代は交通網が発達している。日本国内に住んでいる限りは、半日あれば、到達できない場所に孫たちが住んでいることはまれのはずだ。インフルエンザや水ぼうそう、おたふく風邪などにかかったら、まずは孫の両親のどちらかに一日会社を休んでもらう。頼りにできる育ジージのあなたに連絡があったら、押っ取り刀で駆けつければいい。孫宅に三泊は泊まることを予定にいれよう。

その後はあなたが自由につかえばよい。昭和三十年代、子どもの頃に耳にした「月がとっても青いから　遠回りして帰ろう」の気分で、来た道と反対方向に向かってもいいのでは。思わぬ出会いがあなたを待っているかもしれない。

それほど遠距離でなくとも、私の住むマンションの夫婦で、孫の面倒を時折みている人に偶然、近くの公園で会った。三歳になったばかりの男の子と遊んでいる。男の子はとても言葉が上手だった。話をしてみると、神奈川県に住む娘夫婦の三男坊なのだという。

上のふたりの男の孫たちはすでに小学生。どうしても母親は三番目の男の子の面倒をみる機会が少なくなるので、時々預かって遊ぶのだそうだ。

週末に娘の家族全員で遊びに来ていたが、次男の小学校の入学式のために、男の子だけ残して横浜に帰った。三男の男の子は、知人のマンションに五泊したら、週末にまた、父親が迎えにくる。

「お孫さんはひとりで大丈夫ですか?」とたずねると、二歳ぐらいから、これまで何度もひとりで泊まっていっているのだという。三男坊はあまり親がかまってくれない場合がある。だからたくましく育つ。男の子も、ジージとバーバと過ごしている間は、自分が中心にいることができる。優しいふたりにわがままも言える。ジージとバーバの家の前には、自由に使える広い公園もある。

孫の乗るブランコを気持ち良さそうに押すバーバ。彼女は女の子ふたりだけしか育てていないから、男の子の面倒をみるのがとても楽しいのだという。

すぐそばの「福太郎」で、孫用のおむつを買って帰るジージの姿を見て、これはある意味で、「遠距離育ジージと育バーバ」の理想型かもしれないと思った。

その育ジージは、「このごろ、言葉がはっきりしてきて。自己主張するんですよ」とうれしいような、悲しいような顔を見せた。

「でも、子どもたちが独り立ちできるように助けるのが、育ジージの役割ですよ。我々は先に逝《ゆ》く身ですから」と伝えると、何となく納得してくれたようだった。

第３部　育ジージの育自論

現代社会の発達した交通網は、日常性が維持されていることを前提にしている。発達した交通網でしっかり家族や社会がつながっていると思うと、思わぬ落とし穴がある。「地震雷火事親父」ではないけれど、そんな場合にも、育ジージの出番がある。台風で交通機関が麻痺するなどは、地球温暖化のためかどうかわからないが起こる可能性が高い。

東日本大震災の夜、両親が都内から帰ることができず、保育園に孤立した孫と私のふたりがどのように乗りこえたかを次に紹介しよう。

東日本大震災の夜

両親が帰ってこない！

二〇一一年三月十一日午後二時四十六分十八秒。

自分の部屋で勉強机に向かっていた私のお尻をつきあげるようなズンという響きが伝わり、まずはゆっくりとぐらぐらと来た。地震だと思う間もなく、前後左右に部屋全体が揺れ始めた。大きい！

私の住んでいる家は十一階建てマンションの四階部分。市川市北部の湿地を埋め立ててバブル期に宅地が開発され、そこに建築されたマンション群はすでに築三十年を超えていた。

普段から関東北部で地震があると、よく揺れた。だからいつもはあまり気にしない。でも、今回は違う。本棚からは書類や本が飛び出してきた。まわりを見回し、頭になにか落ちてこないか確かめた。天井には照明器具以外はないのに、なぜそのような行動をとったのか今でもわからない。

五分は揺れが続いたような気がした。後で調べてみると、東日本全域で六分の長時間。揺れが収まると、すぐに玄関に行き、入り口のドアーを半開き状態にした。地震で建物が歪むと、ドアーが開かなくなることがあると、どこかで聞いていたからだ。

段ボールと書類でいっぱいの私の部屋は惨たんたる状態だが、奥さんがしっかり整理している居間や台所は異常がなかった。食器棚からものが落ちていることもなかった。停電していないのはテレビにスイッチを入れた時にわかった。

テレビはつけっぱなしにしていた。そのうちに、横浜のオフィス街の映像が流れた。ビルから慌てて、人が飛び出してくるシーンだった。実はこの日、映像に映っていた近くの日本新聞博物館で、友人の沖縄タイムス元写真部長が写真展を開いていた。初日だったので、私は行くはずになっていたが、前日の準備を手伝った疲れもあり、欠席していた。

テレビは首都圏の交通網が麻痺していると伝えている。しばらく開通の見込みがない。じゃあ、私の孫であるあかりの両親は帰ってくることはできない。妹のかりんはまだ生まれていなかった。

私の奥さんも本郷で日本語の授業を担当しているので、近くにはいない。これはだめだ。どんなに早くとも、電車が動くのは夜になる。あかりちゃんを保育園に迎えに行かなければ。晩ご飯も食べさせなければならない。

なによりも、ＪＲの本八幡駅に隣接した高架下にある保育園のことが心配だ。停電しているかもしれない。崩れたりしていたら大変だ。私は家を飛びだした。歩いても一時間あれば、保育園にも、息子の家にもたどり着く。車を運転して行くのは、道路がどうなっているのかわからないのでやめにした。

幸い家のそばのバス停から本八幡駅までの京成バスは動いていた。いつもはなかなか来ないバスがすぐにやってきた。私は飛び乗ると同時に、あかりちゃんのママに電話をする。この日は礼子さんが保育園のお迎えを担当していた。息子は残業が多く、いつも帰りは深夜近い。だが、電話がかからない。災害時に携帯電話がかかりにくくなることは知っていたが、自分で体験するのは初めてだった。なんども、なんどもかけ続けた。すると、今でも信じられないのだが、携帯電話がつながった！　礼子さんに手短に、あかりちゃんを迎えに行くこと、晩ご飯を食べさせること、自宅に連れて行くことなどを伝える。礼子さんは帰宅できないかもしれないので、友人宅に泊まるところを確保したという。午後四時半を回っていた。

午後五時過ぎには、保育園に着いた。入り口は不審者が入ってくることがないように、しっかりとロックされている。しかし私はなんどもあかりちゃんのお迎えをやっているので顔をガラスのドアー越しに見せると、顔見知りの先生がドアーを開けてくれた。

礼子さんはいつも午後六時半ごろにお迎えにいく。私が先生に説明するまでもなく、保育園の先生たちは緊急事態に対処する準備をしていた。普段なら顔見知りとはいえ、親がお迎えの交代を事前につげなければならないが、電話もかからない状態なのだから、そんなことは言っていられない。孫の通う保育園で、育ジージが顔を覚えてもらうことがとんでもなく大事なのはこんなこともあるからだ。

実は保育園の先生の中にも、自分の子どもを自宅近くの別の保育園に預けている人もいる。電車で通っている先生は、当然だが自分の子どもを迎えに行くことができない。それでも、先生たちはがんばって親が迎えにくるまで、ゼロ歳から六歳までの園児たちの面倒を朝までみたそうだ。幸い、保育園では必ず昼寝の時間があるので、布団は十分にある。キッチンがあるから食事もなんとか与えることができた。

保育園の先生と園児の不安に包まれた保育園に入って行くと、迎えにきた私をあかりはきょとんとした顔で見た。あかりちゃんに、今日はママが仕事から帰ってこられないので、ジージが迎えに来たこと、晩ご飯もジージが用意することを伝えた。

保育園もかなり揺れたらしくまだ三歳にならないあかりちゃんだが、なにか大変なことが起きたことをしっかりと理解しているようだった。なんども黙って、うなずいてくれた。

カギを忘れた

ご飯はどうしよう。まだあかり宅がどうなっているのかは確かめていない。水とガスが止まっているると調理ができない。停電はしていないのか。よし、さいわい保育園は駅のすぐそば。近くにオリジン弁当がある。おかずとご飯を買って帰ろう。あかりちゃんは、ずらっと並んだ美味しそうなおかずのどれを選んでもいいと言われて、大喜び。

さあ帰ろうとして、ポケットに手を入れてみると、ない！ あかり宅の鍵がないのだ。慌てていて、持ってくるのを忘れていた。育ジージバッグも持っていない自分に気がつく。ここからなら、子どもの足でも十分も歩けば、家に帰れるのに。

タクシー乗り場は、長蛇の列。バスを待って、自宅に戻ることにした。とうに夜になっていた。自宅到着は午後七時前。おなかもすいているので、すぐに食卓におかずとご飯を並べた。あかりちゃんがなんども家に遊びにきているので、幼児用のスプーン、フォークは常備してある。幼児用の椅子もある。予備のおむつもある。

夕食に何を買ったのかはうわの空だったので覚えていないが、あかりちゃんの好きな鶏のから揚げは買ったような気がする。彼女はもうすっかり大人と同じものを食べることができた。

私はその晩、大好きなサッポロ黒ラベルを飲むのをやめた。何が起こるかわからない。車を運転する場合もあるだろう。

玄関で涙をこらえる

当然だが、つけっぱなしのテレビからニュースが間断なく流れている。津波の被害を受けた地域よりも、中継のしやすい都心の映像が多く流れている。新宿駅の中継があった。家に帰れない人でごった返していた。電車は早くとも、翌日でないと運転が再開されないことが報じられている。

息子も、奥さんの礼子さんも帰ってくるのは無理だろう。礼子さんは会社の近くの友達のところに、寝るところをしっかりと確保している。私の奥さんは、後で聞くと、地震発生直後に近くのビジネスホテルを臨機応変に予約したのだという。電話の着信音がもう鳴ることはない。

九時前になり、あかりちゃんはもう寝る時間になっている。自宅に戻るのには遅すぎる。私も自分の家のほうが、勝手がわかっているので、いざという場合に世話をしやすい。車の駐車場もここなら確保できている。私はあかりちゃんにごった返す新宿の映像を見てもらいながら、ママもパパも地震で家に帰ることができなくなった、あかりちゃんは明日まで、ひとりでジージの家に泊まることになると、冷静に、そして簡潔に伝えた。

夕食を食べて、お風呂には入れたと思う。明日、同じようにお風呂に入れられるかどうかわからなかったからだ。

余震を警戒して、家の中では比較的安全な、一番広い居間の中央にふとんを敷いてやった。パジャマがないので、大人用のTシャツを頭からすっぽり着せた。寝ようとしたあかりちゃんが突然、玄関までの短い廊下をひとりで歩いて行った。

パパもママも今日は来られないよと再度伝えると、玄関のドアーに向けて頭を少しかがめながら、必死に涙をこらえていた。パパとママが来ないのはわかっているが、寂しさをこらえきれなかったのだろう。あかりちゃんが三歳になるまで、あと一カ月はあった。

彼女にとって初めてのお泊まり保育は、なんとこのような形で突然、やってきた。幼稚園などでのお泊まり体験保育は、通常年長組の頃にやっている。どの子も五歳にはなっている。私の息子はお泊まり保育から帰ってきた三十年前。涙を流して、小さな声で「ママ……」と言ったことを告白していた。

私は何も言わなかった。ひとりの人間が悲しみに耐えている時に、誰のどのようななぐさめの言葉も意味がない。ましてや、その人間はまだ三歳にもなっていない。

あかりちゃんは気丈夫にも涙を流すこともなく寝てくれた。夜中に一度、うなされたが、背中をトントンしたら、すぐにまた深い眠りについた。

私は何が起きてもすぐに活動できるように、洋服を着たまま寝た。なぜか心は落ち着いていた。あかりの面倒を何度もみているので、とても我慢強い子だと知っていたからかもしれない。

実はその頃、あかりのパパは会社を出て、ひたすら市川にある自宅まで歩いていた。途中でなんとか、礼子さんからの連絡で、私があかりを迎えに行ったことを知ったようだ。妻の礼子さんはそのとき、「無駄に体力を消耗するのは無駄」と説得したようだが、息子はきかなかった。

頑固なところがある意味で、息子の長所でもあり、短所でもある。

そのまま歩き続け自宅に戻ったのが、午前二時前だった。背広用の革靴を履いているので、大変だっただろう。家に帰るとバタンキューで寝てしまったようだ。

翌朝のことを私はあまりよく覚えていない。土曜日だし、息子は休み。そうでなくとも、多くの会社が翌週半ばぐらいまで、休みになっている。礼子さんも電車が動き始めたので、帰宅するだろう。たぶんそう思っていたのだろう。

礼子さんに四年経ってから、思い出してもらった。

翌朝になった。息子は自宅で疲れきって爆睡していた。自分（礼子）はたぶん昼前に、電車が動き出したので帰宅。その頃、同じく電車で帰宅したジージの奥さんから息子宅の固定電話に連絡があり、あかりが八幡の家に帰りたくない、家の前の公園で遊びたいと言っていると言われたという。

あかりちゃんは私の自宅を何度も訪れ、家の前の公園は彼女が大好きなところだった。だから、たぶん昼ご飯も食べさせたのだろう。ひょっとして、近くのスーパーに買い出しに行ったかもしれない。いずれにしろ、私が夕方までに五キロぐらい離れた息子宅に車で送り届けた。

あかりちゃんが、パパの顔を見て、泣いたかどうかはわからない。大喜びしたかどうかもわからない。どうも泣きもせず、大喜びもしなかったようだと礼子さんは言っている。

なにかもう少し別の感情が、この事件で少し大人になったあかりには流れていたのではないだろうか。彼女は大人になればこの日のことを忘れているだろう。のちに「3・11」と全世界で有名になったその日に、自分は幼子ながらも、きぜんとした態度をとることができたことを。もしも覚えていれば、いつの日か自分の幼子に同じようなことがふりかかったときに、「ママは泣かなかったのよ。だからあなたも大丈夫」と伝えるのだろうか。

育ジージの私は死ぬまでその日のことを忘れない。それほど先のことではないだろうが。

水蒸気爆発、パスポートを申請

あかりを息子夫婦のもとに送り届けた頃、二百数十キロはなれたフクシマから不気味な映像がテレビ中継され始めた。東日本大震災という名称もなく、テレビ各社は勝手に好きな名前で放送を続けていた。大震災どころか、チェルノブイリ事故に匹敵する歴史に残る原子力大災害が発生していたのだった。計画停電が行われながらも、電車も動いていた。テレビでは近くの千葉県浦安市の液状化が中継されていた。すごい津波の映像もひっきりなしに流れていた。しかし、ニュースの中心はフクシマダイイチがどうなるかだった。

東京電力福島第一発電所一号機、午後三時三十六分水蒸気爆発。翌々日には三号機と続き、さらに二号機、そしてついに燃料が取り出されているはずの四号機まで爆発する核重大事故が起こってしまった。その時の私の印象はフクシマが将来、ヒロシマよりも世界的に有名になるなというさめた感情だった。

しかし、そんなことも言ってはいられない。米軍もペルシャ湾へ派遣していた空母などを日本に戻し始めた。「トモダチ作戦」のためではない。東京周辺に住む米国人を国外に避難させるためだ。そのころ、ほとんど大本営発表に近い政府情報を投げ売りする日本のメディアに対し、信じられないことに国外のメディアの方が正確な情報を流していた。そのころは報道されなかったが、当時の菅直人首相は首都圏三千万人の避難もあり得ると想定していた。

これは最悪の場合を考えなければならない。いざとなれば、あかりを連れて、仕事を持つ息子夫婦より一足先に、別行動で国外避難もありうる。そのためにはパスポートがいる。翌日、私は車で松戸の旅券センターに行った。旅券センターはいつもどおりの平穏さ。だが松戸市や隣接する柏市の一部地域では、高い放射能がすでに検出されていた。私の住む市川市の家から一キロ足らずの田んぼでも、高い放射能汚染が確認され、市役所に問い合わせをしたぐらいだった。

旅券（パスポート）申請は書類を提出すればいいのだが、パスポートの受領は本人が行かなければならない。息子夫婦と相談して、旅券の受領は電車で行きやすい総武線船橋駅近くの葛南地域振興事務所にした。自宅から電車で四つ目の駅にある。

二〇一一年四月七日にパスポートが発行された。署名欄には母親が代筆。言葉はかなりしゃべることができたが、あかりはもちろん字が書けなかった。パスポートは親子三人で受け取りに行ったとのことだった。

その頃、私は防護服に身を包んで福島県浪江町の請戸《うけど》漁港をマイカーで目指していた。助手席には友人の写真家が座っている。フクシマで何が起きているのか。通信社のカメラマン出身編集委員だった私はどうしても見たかった。幸い、警視庁丸の内署は私の所属する日本外国特派員協会の会員に高速道路の無料特別通行証を交付していた。

南相馬市を出て国道を南下する。福島第一から二十キロ圏内に入ると人影はまったくない。車が風を切る音が聞こえるぐらい静まり返っている。

人影のないショッピングセンターに放置された自家用車。津波被害を受けていないのに無人となった住宅街では、野犬化した飼いイヌたちがむなしく吠えていた。飢えはヒトを狂わせる。ましてやヒトからのえさで生きていたイヌたちにとっての飢えは想像を絶するものだろう。

津波被害を受けた請戸漁港からは、第一原発の排気塔が見えていた。そこから直線で二百キロあまりのところに、孫娘が住んでいる。

あれから四年。使用されずに、後一年で期限の切れるパスポートの写真を見てみた。今のあかりとはちょっと違い、ふっくらとしてきょとんとした顔だ。涙をこらえていた幼子が、今では身長百三十センチ、体重は三十キロを超えた立派な小学生になり、学童保育に通っている。パスポートを使うことはなかった。しかし、パスポートさえあれば、どこへでも脱出させることができると判断、即応したのは間違っていなかった。

この時の教訓は生きている。またなにがあるのかわからない。備えあれば、憂いなしだ。首都直下型地震でもなんでもやってこい。私は生きている限りは、何が起きても孫たちの育ジージをやりとげる。

白いファーストシューズ

おんもに出たい

息子たちの家の玄関に真っ白な小さな靴があった。何となくジーンときて、なぜかとてもなつかしい。手のひらにのせてみる。うん？　きれいに洗濯されているが、どうも新品ではないようだ。でもこれは一歳ちょっとの妹のかりんのファーストシューズのはずだが……。

小さなクマさんのアプリケと四葉のクローバーがついている。クマさんをはさんで、絵文字でｍｉｋｉ　ＨＯＵＳＥとメーカー名が小さな文字で合成皮革に縫い付けられている。もちろん靴ひもはなく、マジックテープで甲の部分をとめる。

靴の底は真っ平らでかかとなどはない。滑り止め加工した底には、細かい黒いシミのようなものがかなりある。私の住むマンションのアスファルトの道を歩いた時についたものだろうか。自分の家の前の道を歩いた時についたのだろうか。足が大きくなり履けなくなるまでの二カ月足らずに歩いたわずかな距離。しかし、子どもにとってはとんでもない長い道のりがそのしみには記録されているのだろう。

白い靴は、かりんの姉、あかりのファーストシューズのお下がりだった。靴のふちの内側にはひらがなであかりの名前が書かれていた。白い靴を見てジーンときたのは、あかりちゃんがゼロ歳保育に行き始めて二カ月経った頃を思い出させたからに違いない。あかりちゃんは一歳と二カ月ぐらいで、よちよち歩きをし始めていた。妹のかりんちゃんも同じぐらいの年で歩き始めていた。ママの礼子さんに「どうもかりんちゃんがおんもに行きたがっている」と伝えたら、用意してくれたのがこのお下がりの白い靴だった。

そのうち、育ジージをしている時に、玄関にある白い靴をかりんちゃんが私のところに持ってくるようになった。小さな靴下も。看病していても、元気になれば外に出たいのだ。

今はかりんちゃんの育ジージをやっている私だが、実は姉のあかりちゃんがあかちゃんとして育った頃のことを私はよく知らない。初孫のあかりが生まれたとき、出産した産婦人科院で五日間ぐらい過ごした礼子さんとあかりちゃんを、私は都内にある産後の面倒をみてくれる助産院にマイカーで運んだ。そこで六日間、ふたりは完全介護で過ごした。おっぱいの飲ませ方も教えてもらったそうだ。礼子さんのお母さんはお父さんと京都で牛乳屋さんをやっている。私とても、娘の面倒をみるために、千葉の家までやって来て長期に滞在するのは無理だった。私の奥さんも日本語教師の仕事があった。連続して休むことができるのは、事実上無職の私だけだった。

通常なら、出産後二週間もすれば、母子共々なんとかふたりで生活できるのだが、礼子さんは骨盤がずれたのか、かなりひどい腰痛になってしまった。初産ではよくあることだった。私は礼子さんが最低限、あかちゃんを抱っこして、沐浴させることができるようになるまで、昼と夜の食事を作ることをふくめて、延べ一週間ちょっとふたりの世話をした。土、日は息子が面倒をみた。誕生日のケーキを焼き上げるぐらいだから、息子の料理の腕は私よりもはるかにいい。たぶん豪勢な食事を準備したことだろう。私は飢えさせないことを第一にした。食事の支度は塩味を関西風に薄めにして栄養のあるものを作ればいいので楽チンだった。

問題はあかちゃんのお風呂入れ。壊れそうなあかちゃんをどうしたらいいのか。遥か昔に息子たちをお風呂に入れた気もするが、経験と呼べるような記憶にはなっていない。

これはお風呂ではなく、ダイニングキッチンの大きな流しに、ベビーバスを置き、給湯器のお湯を使うことで解決した。流しの向こうに、布団を敷いて横になっている母親の礼子さんは現場をみなくとも、口頭で指示を出すことができた。

生まれて一週間たらずのあかりちゃんは身長約五十センチで標準の三千グラムの大きさだが、私にとってはとても小さく思えた。片手を両足の間に通して、首まで伸ばして支えることが楽々できた。もうひとつの手で、体を洗う。石けんはつけなかった気がする。

ただ、湯浴みをさせるだけと言えばいいのだろうか。頭も髪の毛がわずかにあるだけなので、抱っこした片手の指で、両耳をふさぎ弱いシャワーのお湯をかけるだけですむ。一日二回位は、沐浴をさせたのだろうか。必死だったので、記憶にまったくない。

　産後一カ月にはちょっと足りなかったが、礼子さんとあかりちゃんは安静にしていることができた。ママの腰痛はなんとかひとりで生活できるほどにはよくなった。あかりちゃんもおっぱいをたっぷり飲んで、どんどん成長していった。

　その後、お宮参りなどで何度も会ったものの、あまり初孫の面倒をみることもなく、生まれた年の二〇〇八年八月に私はアメリカに行ってしまった。初の黒人大統領誕生かと、世界中が大騒ぎをしているその年だった。オバマを大統領候補に指名した米民主党デンバー大会を取材。その後、米東海岸を中心に大統領選の現場を歩いた。十一月四日には、シカゴでの当選祝賀集会を取材していた。その頃、日本でも、オバマの大統領選勝利が新聞の一面で報じられ、新聞の一面とあかりの記念写真を両親が撮影していたことを後で知った。

　私は、異人種間の結婚がまだ州憲法で禁止され、黒人高校と白人高校が段階的にようやく統合され始めた一九六六年、アメリカ南部ヴァージニア州の公立高校にＡＦＳ奨学金を得て一年間留学していた。約三百五十人の三年生クラスには黒人校から選抜された優秀な生徒が十数人いるだけだった。だから、ケニア人の父と白人中産階級の母を持つ「黒人」大統領が誕生した時の衝撃はすごかった。

　首都ワシントンでの就任式などを含め「オバマのアメリカ」の取材を終えて、帰国は翌年の六月。あかりは一歳と二カ月になっていた。無事保育園に入園が認められ、ゼロ歳児保育を受けていた。保育園との連絡帳によれば、少し歩き始めていた。

玄関で見てジーンときたかりんちゃんの白いファーストシューズは、帰国してすぐのころ、育ジージを初めてやった時にあかりちゃんが履いていたものだった。あかりちゃんにとって、自分はどんな育ジージだったのだろう。日記もない。写真もない。あるのはおぼろげな記憶だけ。ところが実はあったのだ。

保育園と保護者は、交換日記のような形で連絡帳に日々の出来事や、健康状態を毎日記録している。あかりがゼロ歳児クラスから三歳児クラスまで通った私立の保育園の連絡帳三年分三冊。三歳児保育から卒園まで通った市立保育園の連絡帳三年分四冊。合計七冊の連絡帳を母親の礼子さんが保管していた。私は自分の記憶をたどりながら、恐る恐る読み返し始めた。

あかりちゃんの連絡帳

あかりはいわゆる「おそ生まれ」だ。日本では四月二日の時点で六歳にはなっているが、小学校入学が翌年になる子どもたちがいる。一方、四月一日生まれの子どもは六歳になった翌日から、小学一年生になることができる。いわゆる「はや生まれ」だ。

保護者は、子の満六歳に達した日の翌日以後における最初の学年の初めから、満十二歳に達した日の属する学年の終わりまで、これを小学校又は特別支援学校の小学部に就学させる義務を負うと学校教育法で決められている。

「おそ生まれ」と「はや生まれ」では、同学年でも最長、一年の成長差が出てくる。十年一日のごとく生きる育ジージにとってはほんのわずかの時間でも、子どもにとって一年は大きい。はや生まれの方が、早く学校にいくことができるのだから得だという。しかし、子どもたちにとってみれば体格が大きく、精神的にも成長しているはずの仲間と過ごすのは、ときに大変なことだ。私自身は三月中旬に生まれている。そして、不器用で運動神経もよくなかったので、口はかなり立ったが、体力的には幼稚園や学校ではかなり苦労した。

あかりは、四月のかなり早い段階で生まれた。だから、ゼロ歳保育に通い始めてすぐに一歳の誕生日を迎えている。保育園や幼稚園では、誕生日順に名簿が作成される。何かをする時にいつも一番目であかりは呼ばれていた。六年間の保育園生活を通じて、体力と知力を備えていたあかりはどのクラスでも、いつもリーダー的役割を担わされていた。

そんなあかりだが、保育園に通い始めた頃はまだまだあかちゃんぽかった。四月の連絡帳を見ると……。まだまだママのおっぱいをほしがっていた。保育園に送ってきたママが会社に行こうとして、ひとりで残されるのがわかると、「ママ、ママ！」、パパが送ってきた時には、「パパ、パパ！」と泣いたとの記録がある。

私が初めて保育園の送迎をやったのは、七月四日。そういえば、この日はアメリカの建国記念日で、アメリカから戻って二週間ぐらい経った時だった。その時の連絡帳には「今日、アカリのおじいちゃんがお見送り、お迎えを手伝います。これから少し手伝ってくれます」との記載がある。

でも、その日の記憶は私にはまったくない。おそらく、息子の家に行き、ベビーカーに乗せて、歩いて十分ぐらいの保育園まで送ったのだろう。たぶん礼子さんが同行して、ベビーカーの置き方や保育園入室のための安全確認のされ方、そして保育園に着いたら、荷物などをどこに置くのかなどを教わったはずだ。

そして、初めての本格的育ジージ体験は、その五日後だった。あかりはつかまり立ちはできるようになったが、まだハイハイでの移動が主だった。そのあかりが、室内の階段から落ちて、足をくじいたというのだ。整形外科に念のため、私が連れて行き、「昼食には私が調理したお得意のトマトシチューを食べた」と書かれている。

この頃から、あかりが急速に自立しようとし始めたことが連絡帳の記録からわかる。

七月十日、「まだハイハイ中心だが、つかまり立ちの歩数増える」。

同十五日、「家で食べさせるチーズ焼きの中の、シイタケを食べたくないので、床にポイする」。

同十七日、「自分で着替えをしたがる」。

同二十一日、「絵本の犬をみて、ワンワン！という」。

同二十八日、「体の名前がわかるようになる」。

そして、八月五日、休みの日に両親と行った駅構内のショッピングセンター内で、手をつながずにひとりで歩き、お店の人に手を振るまでになる。

翌々日の八月七日、自ら二歳の男の子の母で、あかりの担任の先生が玩具の部品がとれてしまうと、「とれちゃった！」とはっきり言われて、びっくりしたと書いている。一方で、同月十一日にあかりが寝る時に指をおしゃぶりするあかちゃん返りの様子も書かれている。

連絡帳を読んで思わず笑ってしまったのは、あかりちゃんが食べたくないシイタケをポイッと床に投げる場面だ。かりんちゃんの連絡帳にも似た記述がある。私も目の前でやられたことがある。ただし、かりんちゃんの場合は、時にそれよりも少し高等な戦術を使う。おなかがいっぱいになっていたり、食べたくないものがあったりすると、手でつかんで私に「あげる」とばかりに差し出してくるようになったのだ……。

歩き始めたみいちゃん

この童謡を知っているだろうか。早稲田大学の校歌「都の西北」の作詞家、新潟県糸魚川市出身の詩人相馬御風が作詞、弘田龍太郎が作曲した。大正時代の作品だ。

春よ来い　早く来い
あるきはじめた　みいちゃんが
赤い鼻緒の　じょじょはいて
おんもへ出たいと　待っている

じょじょ（草履の幼児語）がファーストシューズに変わっても、乳児から幼児に進化する子どもが変わっているわけではない。みいちゃんの時代には、草履を履くのが当たり前だった。靴をはいているのは、それこそ当時は上流階級の子どもだけだっただろう。彼らがそれを好んだかどうかは別として。

豪雪に閉ざされた新潟では、春が来て雪が溶けるまで、みいちゃんはおんもに出られない。でも、歩き始めようとすることが子どもの本質であることは、時代を超えて変わっていない。

家の中を歩きまわるのと、「おんも」に出ることは違う。おんもに出るというのは、自由という嵐の中に身を置くということなのだろう。

一方、南の沖縄には「ハチアッチー（初歩き）」という言葉で、生後一カ月ぐらいで、あかちゃんをお披露目する行事もある。もちろんあかちゃんが歩き始めているわけではないが、歩くということが、人間の成長の過程で大事なことだという考えがあるようだ。

人間は自由だ。しかし、人間にはどうしても超えることのできない制約がある。人間は生まれてくる時代と、自分を生んでくれた母親を選ぶ自由はない。

しかし、そんなことは関係ない。人は誰でも時代を超えて、自由に歩きたいと思っている。かりんちゃんも、みいちゃんも、あかりちゃんもそうだ。そして、世界中の子どもたちも。

あなたはそんな子どもたちと歩いたことがあるだろうか。よちよち歩いている一歳から二歳の平均身長はおよそ八十センチ。頭のてっぺんから目までが十五センチぐらいとすると、彼女や彼たちはいつも、高さ六十五センチぐらいで外を見ていることになる。私は短足なので、股下は約七十センチ。膝を地面につけてやっと、子どもたちの目線の位置になる。

こうすれば、もっと簡単。立っている子どもの肩に後ろから両手を当て、相手の首に自分の首をつけて前を見てみる。目線の位置が変わるだけで、これだけまわりの世界が変わって見えることにびっくりする。

地面に膝をついてみよう。あなたの身長が百七十センチとして、胴長であれば、それでもまだ幼児の目線よりは上にある。視界はかなり悪い。すべてのものが重なって、遠くまで見通すことができない。

逆に大人の目線では、自分の足下を幼児が歩いているのがよくわからない場合が多々ある。かりんといっしょに歩いていると、私の横を歩く彼女にぶつかりそうになるサラリーマンや主婦がいるのでよくわかる。

実は子どもたちは自分たちの目線が低いので不利なことに気づいているようだ。東京駅構内の雑踏でのことだった。三歳ぐらいの女の子がしっかり歩いていたのに、足を止めて、お父さんに抱っこを要求した。言葉もちゃんとしゃべっているし、疲れた感じでもない。甘えているのかなと思ったが、抱っこしてもらった女の子は周囲を見渡して、お父さんと何やらしゃべりまくっている。

急ぎ足で歩いている大人たちの足ばかり見ていてもおもしろくない。抱っこしてもらうことで、映画撮影用の動く脚立にのったぐらいの高さで視界良好な目線と、下を見ずに急ぎ足で歩く大人たちに突き飛ばされない安全圏を自ら確保したわけだった。抱っこされたまま、女の子は新幹線の改札口に向かって行った。

いってらっしゃい！　お気をつけて！

空を見上げる

自分では女の子を育てたことがないこともあり、私はあかりちゃんと遊んでいるのが大好きだった。私の家に来た時にはよく散歩もした。

家から三百メートルも離れていないスーパーマルエツに抱っこで連れて行った時だから、一歳半をすぎているぐらいのことだろう。スーパーに向かって、私がただ機械的に歩いているのを、あかりちゃんが止めた。そして、黙って空を見上げた。青い秋空がひろがっていた。

なぜ見上げているのかわからない私に、確かにあかりちゃんは「ヒコーキ」と言った。「飛行機？」。私には見えなかった。うん？　目をこらしてみると、確かに飛行機雲を引きながら、大型旅客機がゆっくりと飛んでいた。音はまったく聞こえない。上空一万メートルはあるだろう。それはとても小さく見えた。

私の家は羽田空港を離発着する飛行機の航空路の下にある。国外から羽田に帰国した時などに、我が家とはいかなくともその周辺を上空から見ることがあるのを思い出した。

子どもたちはどこまで遠くが見えるのか。少なくとも高い空を飛ぶ旅客機は爪楊枝くらいの大きさでしか見えないはずだ。それを二歳にもならないあかりちゃんは完全にとらえている。ひとりで歩けるようになっても、彼女の観察力は変わらなかった。散歩していたり、動物園で遊んでいたりするあかりちゃんが歩くのをやめ、空を見上げたら、その目線の先には必ず飛行機があるのだった。

彼女が初めてそのあこがれの飛行機に乗ったのは五歳の冬だ。さっぽろ雪まつりに私と奥さんとふたりで連れて行き、その往復は当然ながら羽田発の飛行機だった。

絵本などで飛行機を知っているだけなのに、小さい頃、どうしてあれほど飛行機に興味があったのだろう。質問しておけばよかったと思う。たぶん広い空を動いている物体がとても不思議で魅力的に思えたのだろう。だから飛行機に乗る機会があれば、すごく喜ぶと思ったがそれほどではない。

あれほど好きな飛行機だったが、乗っている間もそれほど興奮していなかった。狭い飛行機の窓から、あの辺がおうちだよと言っても、それほどピンとこないようだった。ましてや、窓のそばとはいえ、まわりには座席と人ばかり。

自分の現実生活に密接な関係があるジージとユーコちゃんもそばに座っている。彼女が言葉で理解するのでなく、自分の目で視ることで追い求め、憧れた飛行機の姿は、今現実に自分が座っている飛行機とはまったく違うものだったのかもしれない。なにかもっと遠くにあって憧れるような……。

あかりちゃんが「ヒコーキ!」と空を見上げてから、五年は経っているだろう。二歳にまだならない妹のかりんちゃんを抱っこして、京成線の鬼越駅のホームで電車を待っていた。隣の八幡駅から電車好きのかりんちゃんを乗せて来て、また八幡駅に戻る電車を待っている時だった。「ヒコーキ!」とかりんちゃんが叫んだ。南の空を見上げると、羽田に着陸すると思われる大型旅客機が、わずかな爆音を残してゆっくりと飛んでいた。

かりんちゃんと散歩をすることは多々あっても、「ヒコーキ!」と叫んだのは初めてだったので、びっくりした。その夜、仕事から帰宅した母親の礼子さんに聞いたところ、彼女もかりんちゃんが飛行機と叫んだのをきいたことがなかった。あかりちゃんが教えたわけでもなさそうだ。

保育園の庭で外遊びをした時に、友達同士で教え合っているのかもしれない。きっとそうだ。子どもたちにとって、空をゆっくりと飛ぶ飛行機はとても夢のある動くモノなのに違いない。

後日、かりんの連絡帳には、保育園の園庭で「ひこうき!」と園児たちが叫んでいるシーンが書かれていた。

動物園について行く

上の孫娘のあかりとは、ふたりだけで近くの動物園に何度も行った。一緒にいて、彼女が生きものにとても興味があることがわかったからだ。「連れて行く」のではない。文字通り「ついて行く」のだ。

共働きの息子夫婦が家の片付けをしたり、休息をとれたりするように土曜日に行くことが多かった。普通、週末の天気予報を調べて晴れることがわかると「じーじと　どうぶつえんに　どようびに　いきませんか?」とあかりちゃん宛にお誘いのメールを出す。もちろん、メルアドは両親のものだが、あくまであかりちゃんあての文章にして、だんだん文字がわかってきた時のために、ひらがなの分かち書きにする。なんどか動物園に行っていると、「動物園」という漢字をそのまま画像として記憶するようになるので、四歳ぐらいになると「動物園」という漢字を使った気がする。

家族で買い物など出かける用事がなく、あかりが行きたいようであれば、母親から「あかりは行きたいと言っています」との返事が来る。土曜日になると、だいたい午前十時前に車で、お迎えに。あかりちゃんはいつも小さなリュックに、日差しよけの帽子をかぶって玄関で待っている。私は普段の育ジージバッグではなく、空のリュックを持って行く。出発前に、複数の着替えとタオルなどを、持参したリュックに詰め込む。

車で約十五分。市川市動植物公園は、梨畑の広がる台地にある。駐車場から動物園の入り口までは、樹齢七十年前後の広葉樹で覆われた道を通る。ここまでは、私が連れて行くことになるが、入り口で年間パスを見せて入れば、文字通り彼女の思うままだ。

小走りに走り出し、あかりちゃんはまず入り口から園内をあがる坂道にある子馬の像の背に乗る。乗るというよりも、乗せることを要求する。

そばのかなり長い階段を上るとそこには動物たちが待っている。そのあとは、お好みでコースが変わる。私はただ後をついて行くだけの育ジージになる。

行き始めたのは、二歳半になった秋の頃。最初はまだおむつをしていたかもしれない。動物園の年間パスを三回購入。私が六十五歳になった時からは、市川市在住の老人料金適用で無料。むろん、小学校入学前だからあかりは無料だ。

市川市動植物公園の敷地は広くないが、そのため迷子になってもすぐに見つかるので、子どもたちにはとても安全なところだ。都内をふくめ近隣からの保育園、幼稚園から、バスを連ねて遠足にやってきている。

お気に召すまま

普段いっしょに外を歩く時には、危険がないか細心の注意を払い、時には手をつなぎ、抱っこもするが、動植物公園では後ろを歩いているだけでよい。子どもも自由に歩いたり、走ったりできるので大喜びだ。これが大きな上野動物園などでは、人ごみにまぎれてしまうので、つないでいる手を離すわけにはいかない。

動物もポニー、牛、ブタなどの家畜から、レッサーパンダ、オランウータンにニホンザルの猿山。猿の仲間には、金網越しに握手してくれるリスザルもいる。おっと、これはやってはいけないが、比較的冷たい小さな手のひらと指はネコの肉球のような柔らかさがある。

家族で暮らすカワウソやプレイリードッグが首を長くしてえさを待っている様子もすぐそばで観察できる。まるで自分たちを見つめて、あいさつしているようで、とても楽しくなる。

動物園に入ったら、どこに行くのかは、あかりちゃんが決める。初めて行った時にはふたりで話し合ったかもしれない。でも、以前パパとママといっしょに、一度行ったことがあるようで、最初の時にはまず園内にあるミニ機関車に乗ることになった。パパとママと行った時は、実際に蒸気で走る機関車だったが、通常は電気で走るミニ新幹線。一回乗るのに百円で、小学生未満は保護者がいっしょに乗らなければならない。あかりちゃんを前に、私はその後ろにすわり、彼女の両脇を支えてやる。「もう一回、もう一回」とあかりちゃんは要求。最低でも三回は乗ったと思う。

このミニ鉄道をふくめ、あかりが必ず行くスポットがある。

園内中央の猿山のそばにある動物の置物がある広場と、広場にある水なしの噴水池は大のお気に入り。次にオランウータン舎そばのブランコとジャングルジムなどがあるただの空き地だ。そこでは勝手に遊んでいる。見ず知らずの友達がすぐにできる。

噴水池は古代ローマの遺跡のように、周囲を囲む石垣に、底にはふぞろいの石のかたまりがおいてあるだけだ。しかし、そこにいくとひとりでいつまでも遊んでいる。そばには動物の大きな像たちもいる。動物園で動物を見るのは大人で、あかりにとっては、自分が動物になって、自由に動き回れるのが楽しいらしかった。成長するにしたがって、石の上を飛び回ることや、手助けしなければ乗れなかった背の高いシマウマの像にもひとりで乗れるようになった。

行きたいところも、年齢を重ねるごとにどんどん変わっていった。三歳ぐらいに乗りたがったミニ機関車も一度乗ればいいようになった。動物の中では、カワウソとしゃべるインコが好きだった。猿山にはあまり興味がなかった。ポニーや牛、カピバラは何となく好きなようだった。

そんな中で、大きくなっても必ず行ったのが、動物に触れることができる「なかよし広場」。小さなスペースだが、ミニブタやヤギも歩いていて、目の前で時々ウンチをするので子どもたちには大人気だ。

保育園生活五年目の遠足では、あかりちゃんは、併設された大好きな博物館をふくめて、みんなに動物園の案内ができるぐらいになっていた。

手のひらのヒヨコ

あかりちゃんは動物が好きだ。でも、初めて「なかよし広場」でヒヨコを手のひらにのせた時は、細い足の先が痛いと言って、すぐに放してしまい、私の手のひらに乗ったヒヨコの頭を触るぐらいしかできなかった。モルモットを両手で抱っこするのも苦手で、私が抱っこしたモルモットを恐る恐るなでていた。

実は私が「なかよし広場」を大好きなのだ。マンション住まいで、隠れてネコを飼っていたことがある。リードをつけて散歩に連れ出した時に、嫌がって逃げてしまった。オタマという。それから何カ月も探しまわったけど、遂に見つけられなかった辛い思い出がある。ネコの代わりに動物に触りたいのだ。

「なかよし広場」で私が好きなのは、ミニブタ。ブタは群れを作らないので、本来は家畜向きではない。知性もあるので、話しかけると寄ってきて、耳の後ろのごわごわとした剛毛をなでてもらいたがる。一頭のミニブタをなでていると、別のブタが割り込もうとしたりする。

ヤギは苦手だ。向こうもどうも私を好きでないらしく、堅い頭で突っかかってくる。子どもたちにそんなことはしないのに。どうも別の雄が来たので追い出そうとするのだろう。ヤギも実はあまり群れを作らない。だから羊の群れを先導してすみかに戻ってくるように遊牧民は利用している。ワンマンタイプなのだ。だから、同じような動物のヒトの男を排除しようとするのだろう。

さて、ヒトのあかりちゃんはどうか。だんだん月日が経つに従って動物に触るのを怖がらなくなった。自分がヒトという動物界では支配者の地位にいることがわかってきたのかもしれない。ヒヨコの足がちくちくするのが、平気になったのだけかもしれない。

家畜を含めて、動物たちは幼い子どもたちを本能的に恐れる傾向がある。どうも子どもたちの中にあるまだ「人間」になりきらない、「ヒト」という動物の野生を感じるのかもしれない。イヌも意外と、二歳前後の子どもが苦手だ。

突然、お目めに触ろうとしたりする。その行動は、人間に飼われているイヌにとっては、時にとんでもないことをする「動物」にうつるのだろう。一方で子どもたちも、飼いイヌにも「飼いならされていない野生の動物」の部分があることを本能的にわかるのではないか。私は勝手にそう解釈している。

動物を愛そうなどというのは、人間が動物に対して完全に優位に立った時に言える言葉だ。だから「ワンちゃんにやさしくね」などと、子どもに諭すのはまったく意味がない。野生の「ヒト」から「人間」に子どもたちが成長するうちに、自然に学んでいくからだ。

ダンゴムシとアリさん

市川市の動植物園でのことだった。敷地のソフトタイルのすき間を、二歳を超えたあかりちゃんがしきりに見つめている。またまた何を発見したのだろう。たずねてみるとアリさんがいるという。まわりにはお馬さんやレッサーパンダなどもいるというのに、彼女の関心は地面を歩くアリたちに集中している。

動物園内は子どもが転んでも痛くないように、やわらかいタイルが敷き詰められている。そのすき間からは雑草が生える余地がある。だからアリたちもそのすき間から地面に穴を掘ることができる。動物園の敷地には細かいお菓子のカスがいっぱいある。だから、アリたちは食料の確保に大忙しだ。アリたちの動きは素早く、おもしろいのだろう。

子どもたちは動くものが好きだ。それもある程度動きが速いほど、動き方が変わっているほどおもしろいようだ。しかし、それだけではなさそう。なぜ動いているのか子どもに理解できる生き物が興味をひくらしい。

チョウチョはいいがハチは動きが速すぎる。チョウチョは色がきれいだったりするから好きなのかと思えば、黒っぽい地味な小さな昆虫が子どもたちに大人気。Eテレではテーマソングまでできている。その虫はなんとダンゴムシなのだ。

長さは数ミリ程度。青黒い堅めの殻で覆われ、目らしき物はないが頭と思われる部分に短い触覚がある。外敵に襲われると、無数の足を殻の中にいれて、くるくると丸い団子になる。手で持って転がしても、団子はそのまま転がるだけ。においもなければ、毒もない。ましてかまれることもない。だから子どもたちは夢中になってダンゴムシを探す。

ダンゴムシはどこにでもいる。一匹見つければ、大小取り混ぜて沢山のダンゴムシがちょろちょろ動いている。少し雑草が生えた柔らかめの地面をかき分けてみれば、すぐに見つかるとても身近な昆虫なのだ。

なんとこのダンゴムシ。Eテレの幼児番組「いないいないばあっ!」の「わ〜お」体操のテーマソングのひとつになっている。

だんごむし　だんごむし

まって　まって　まってって

だんごむし　だんごむし
ひっくりかえって　だんごろり〜ん

こればかりではない。小学生用の教育番組では、ダンゴムシの誕生から死を迎えるまでの観察ビデオが制作され、なんとあの世界的な作曲家坂本龍一氏が「ダンゴムシの誕生」という音楽まで作曲している。

ダンゴムシの誕生シーズンは春が終わる頃で、母虫のおなかでタマゴがかえり、約百匹近くの一ミリちょっとのあかちゃんダンゴムシが出てくる。あかりちゃん、かりんちゃんと育ジージも春が終わるころ、ピアノレッスンの送り迎えの時に、都会の草むらでダンゴムシを観察してみようと思っている。

子どもたちは見ることで世界をつかみ取って行く。見た物に音で言葉を与えることで、言葉が頭に染み通って行く。だから、子どもたちはせわしなく、いろいろと場所を変えていく。動くことは見ることなのだ。

そんなことを考えながら、「育ジージ」を終え、自宅のマンションに戻ってきた六月のことだった。手を泥だらけにした三歳ぐらいの女の子が、ひとりで敷地内に座り込んで何かを探している。あたりはすでに暗くなっている。ママはどこ？と探すと、女の子の母親とお姉さんは十メートルぐらい先を左に曲がっていた。

女の子は突然、しっかり握った手を私に突き出し、「ダンゴムシ！」と言った。開いた小さな手のひらからダンゴムシが転げ落ちた。腰を屈めてダンゴムシを拾おうと女の子はするが、また何匹か転げ落ちてしまった。私は拾うのを手伝った。

女の子はありがとうと言って、先を歩くママを追いかけた。ぬくもりもなにもない小さな虫が、私と女の子の心をつないでくれた。とても暖かい気持ちになった。

私のかりんは左利き

スプーンを買わないと

一歳前から保育園に行き始めたかりんの育ジージをやり始めて、少しするとひょっとして彼女は左利きではと思い始めた。食事の時に最初は手づかみで食べるのだが、どうも左手が先に出る。

決定的に左利きと思ったのは、スプーンやフォークを使い始めた時だった。食卓で左手側にフォークを置くとさっと手を出してきてつかむが、右側に置くとどうも反応が悪い。スプーンを置くのだが、ちょっと使ってすぐに置いてしまう。

母親は薄々気づいていたようで、そろそろ左利き用の幼児用スプーンを買うつもりだという。意味が最初はわからなかった。どうも幼児用のスプーンは微妙に先の部分をねじるように角度がつけられていて、かりんは右利きの姉のお古を使っているので、うまく使えないようなのだという。

実は私も左利き。隔世遺伝かどうかわからないが、かわいいかりんを抱っこしていると、おじいちゃんにそっくりねと言われて、うれしい反面、私みたいに無骨になったら困ると思ったりもしていた。これでも子どもの頃はかかなりかわいかったのだが。

私の幼児の時代に左利き用のスプーンなどは、私の知る限りなかった。左利き用のはさみも。だから、私は市販されている左利き用のはさみを使うことができない。不思議に思うかもしれないが、左手で一般的な右利き用のはさみを使う場合に、持つところを微妙に両側からねじるように押して刃と刃の間がしっかりと重なるように操作している。

最初から右利き用のはさみを使っていたので、その癖が抜けずに左利き用のはさみを使うと、無意識に同じ動作をして、刃の噛み合わせがうまくいかず、結果として刃と刃の間がかすかに空いて、紙が切れなくなるのだ。

一番困ったのは、ひらがなを習い始めた時だった。今では左利きの子どもは左で字を書くことが許されているが、私の時代は右手で書くように矯正された。日本語は右手で書かないと書きづらいなどとも言われたと思う。

左利きで検索してみると、左利きは右脳につながっていて、右脳は非言語的処理の機能、つまり画像、方向・時間感覚や音楽感覚などが集まっているのだと言われる。絵が下手で、音痴の私には当てはまらないことばかりだ。

だが、ひらがなを習い始めた時に、「あ」をどうしても書けなかったのは、画像処理の機能が右手でやろうとしてもはたらかなかったのでないかと思っている。「あ」をかくと横棒と斜め縦の長棒は書けるのだが、ぐるりと円を描くと、左斜めから右に下り、それから左上がりに鉛筆の先が回って行ってしまうのだった。修正するのに相当の時間がかかった。ちなみに、私が書いた文字は漢字を含めてとても読みづらい。漢字の書き順などはでたらめだ。

さて、かりんちゃん。歩き始めた時に、お互いに左利きのせいか、どうもしっくり来ない時があった。手をつなごうとすると、どうしてもふたりとも利き腕の左手が先に出る。左手と左手で手をつないだら、反対方向に顔がむかないとつなげない。これでは歩けない。

そこでわたしが考えたのは、私の右手の人差し指をかりんちゃんが左手で握り、私はかりんちゃんの手首をつかむ方法だ。こうすれば、かりんちゃんが手を離しても、私は彼女の手首をしっかりと捕まえておくことができる。そして、利き腕の左手は自由になっているので、緊急事態には迅速に対応できる。

抱っこはうまくいくようだ。右腕にお尻をのせると、かりんちゃんは利き腕の左で私の肩をつかめる。私は器用なほうの左手で、かりんちゃんの体を支える。左利き同士で利害の調整が自然についたわけだ。

障がいじゃない個性だ

左利きの人は日本人の十数人にひとりぐらいと言われている。左利きは、その人の個性であることが日本でも認められ、左利き用品も多数販売され、左手で字を書くことも普通になっている。学校の先生でも、左手でとてもきれいな字を書く先生がいる。

左利きを「ぎっちょ」と呼び、障がいの一種であると認識した時代があったことを考えれば、今や左利きはマイノリティーとしての権利をしっかりと獲得している。私もぎっちょ、ぎっちょと呼ばれたことがある。「ぎっちょ」で字を書くのを矯正しようとして、吃音になった事例もあるという。

それでは聴覚障がい、視覚障がい、身体障がいの子どもたちを、障がいを持っていると考えるのか、それともその子どもの個性であると考えるか。その認識次第で、育ジージの孫たちとの付き合い方が変ってくる。ＡＤＨＤ（注意欠陥・多動性障がい）でさえ、障がいでなく、その子の持つ個性であると考えれば、「この子はだめ」、「あれができない」という考えは出てこなくなる。もちろん適切な診断と医師の治療は必要だが。私が左利きのかりんちゃんと調整したような形で、障がいを個性として持つ子どもたちとの独自の手のつなぎ方、付き合い方を考えてみてはどうだろうか。

言語による会話もその子の個性に合わせた方法を考えていけばいいのだと思う。

聴覚障がいの子どもはしっかりと世界を見つめている。ただ、認識した視覚情報に音声言語をつけられないだけだ。その子の育ジージになったら、視覚言語の手話を学んでみよう。健常者のかりんも最初に覚えた言葉は身振り、手振りだったことを思い出す。

視覚障がいの子どもは、残された感覚器官でしっかりと世界を見つめている。熱いみそ汁を飲ませて、口をすぼめたら、「熱い！　熱いね！」と大きな声で言ってみよう。視覚という感覚器官が閉ざされた子どもの音声に対する感覚は鋭い。信じられない早さで言葉を、そして音楽を覚えて行くはずだ。レイ・チャールズも、スティービー・ワンダーも、長谷川きよしも視覚障がい者であることを思い出せば、面倒をみた視覚障がいの孫のコンサートを、あなたが最前列特等席で鑑賞する日が来ることだって夢ではない。

知的障がいをどうとらえるかと言えば、私にはわからない。ただ、人間の持つ知的能力は相当高いものがある。チンパンジーは三歳の知力しかないなどと誰が言うのだろうか。

健常児の三歳の子どもと短時間でも生活してみよう。驚くべき知力と生活力がある。知的障がい者は生きて行くために必要な最低限の知的能力はあるのだが、複雑な現代社会ではそのはたらく位置が与えられていないだけなのだ。古代社会では知的障がい者も、精神障がい者もその社会の中で生きる場所があった。

言語能力について言えば、言葉を認識してもらえるまで、なんどもなんども、話しかければいい。学ぶのが遅いのではなく、学習時間が長時間必要なだけだと相対化してみればいい。

その子の能力を、その子自身の可能性の中で最大限発揮する力を彼女や彼の中に生み出して行く。育ジージは、そのことを助ける車椅子のような道具になることに徹する。かわいそうな子を助けるという上から目線を捨てれば、障がいを持つ孫たちとの新しい、楽しい関係ができてくるに違いない。

子ども自身の工程表

子どもたちは一人ひとりが個性を持っているように、自分たちの時間の物差しで作った成長の工程表を持っている。自宅マンション前に公園がある。上から見ていると、砂場に専業主婦のママさんたちが子どもを連れて、家事が終わる午前十時すぎぐらいから集まってくる。子どもたちが砂遊びや台形のお山に上り下りしたり、コンクリートのスロープを滑り降りするのを見ていたりする。その間に、育児についておしゃべりするのをそばで聞いていると、自分たちの子どもをほかの子どもと比較して、どの程度成長しているのかという話題が多い。

毎日ではないが、すぐそばの保育園から青い帽子をかぶった保育園児が多数、先生といっしょにやってくる。ある日のことだった。四階の自宅から眺めていると、小さな女の子が保育園児の間をぬって早足で歩き回っている。そばには私の顔見知りの保育ママ（市川市ではファミリー・まま＝家庭保育員）の女性が付き添っている。

この小さい女の子に初めて会ったのは、一年ほど前のことだった。初めて会った時は頭から足までクマのぬいぐるみのような服を着ていたので、男の子か女の子かわからなかった。お父さんが保育ママに預けるために、抱っこして連れてきていた。一歳なのに新生児かと思うぐらいに小さい子だったので、尋ねると早産だったという。首はすわっていたが、表情もあまりなかった。立派に育つかなあと勝手に心配していたあかちゃんが今は立派なお嬢さんになっている。家の下の公園を歩く女の子を見て何日か経っていた。保育ママが、預かっていた女の子を母親に手渡しているのに出会った。

お迎えにきたお母さんに、「お嬢さんがあまり早く走っているのでびっくりしました」と伝えると、大喜び。体が小柄な分、確かに足が速いのだ。女の子はお母さんの自転車の前のチャイルドシートにちょこっと座っている。話しかけてみると、言葉は出なかったがにっこりと笑ってくれた。まだ、二歳にならないというのでびっくりした。

振り返って孫のあかりのことを考えた。体重三千グラム、身長五十センチの立派なあかちゃんだった。夜中に産気づいたので、息子がタクシーで病院へ連れて行き、その数時間後には無事生まれていた。

それからすくすくと成長したが、体重があるのであまり軽快な動きは得意ではなかった。二歳前に家のそばの黒松公園で遊んだ時だった。他の子どもたちが、どんどんはい上がって行く台形のお山もあまりうまく登れなかった。滑り台も怖がっていた。ちょっとだけ心配したことがあるが、そんなことを心配したことがばかばかしいぐらい、今ではブランコを乗り回し、ジャングルジムのてっぺんまであがって行く。

大人はどうしても、子どもを他の子どもたちと比較しようとしてしまう。子どもたちは自分を自分と比較して育っていく。昨日できなかったことが、今日できるかもしれない。大人は黙ってみていればいい。

イヌでもネコでもないヒトという動物

私は人間嫌い

私は動物大好き人間。でも、嫌な人間と接触する機会があまりにも多かった仕事をしていたので、動物の中で「ヒト」はあまり好きではない。

かりんやあかりと一緒に外に出るときに、ワンちゃんやニャンニャンに会うと、必ず人間の言葉で声をかける。かりんちゃんはいっしょに、「ワンワン」「ニャンニャン」などと声をかけるが、あかりちゃんは大人になってきているので、時々「ジージ、やめなさい」というけど、私はやめられない。

ネコにはときどき、「ニャーオ」などと猫なで声で、媚を売ることがあるが、怪訝な顔でネコが目をそらすことが多い。ワンワンはある意味で楽チン。普段から飼い主と日本語で話をしているから、普通の優しい声で「いいワンちゃんだね」などと声をかければほとんどのイヌと親しくなれる。イヌは声のトーンで聞き分ける。耳がいいから、絶対に大きな声を出さないこと。

人見知り、イヌ見知りするワンちゃんが、何もしないのに私と目が合ったら寄ってきたので、飼い主がびっくりしたこともある。イヌと目をあわせるなというけれど、私はネコもイヌも相手の目を真正面から見て話しかけるようにしている。上から目線にならないように、可能であればかならず膝をかがめる。

イヌの気持ちはよくわかるが、イヌが人間の気持ちをわかっているのかわからない。その人間が自分を好きかどうか、悪い人かいい人かはわかるようだが、相手の感情まで踏み込んで理解しているようには思えない。

一方で、ネコは実に人間の感情を読んでいると思う反面、人間がネコの気持ちをどこまで読めているのか疑問に思う。ネコの気持ちは変化が激しく、私のような単純な人間にはついていけない。

さて、私の孫娘たちはイヌ的なのか、ネコ的なのだろうか。育ジージをやりながら考えた。当たり前だが両方の素質を持ちながら、それよりもとても複雑で高度の知性を備えた「ヒト」という動物であることがよくわかった。

かりんちゃんが生後六カ月を超えたころ、彼女に話しかけている言葉の数はワンちゃんに話しかけている言葉の数とそれほど変わらないだろう。しかし、首がすわり、首を縦、横に振ることを覚えただけでも、意思が明確に伝わる。

片言とはいえ単語をひとつでも話し始めると、イヌとは比べるまでもなく、何を考えているのかわかるようになる。

そして、イヌやネコが絶対にできないことで、しっかりと「ヒト」としての自分の意思を私に伝えている。それは涙と笑いだ。

イヌやネコも確かに「鳴く」。だが、絶対に「泣かない」。鳴き声の調子で、何かをほしがっている、怒っている、つらい、嫌だなどはわかるが、涙を流すことはない。以前、ネコを飼っていた時に、憎しみのこもった目でにらまれたことがある。また、長い間拘束されていたインドゾウが動物愛護団体に助けられたときに泣いたとの記事を読んだことがある。CNNが助け出されたゾウと、涙を流すゾウの写真をExclusive（特ダネ）として報道している。

ゾウならあり得るかなと思う。「ヒト」以外の動物たちにも、悲しい、うれしいという感情はある。でも、「ヒト」の感情はもっと複雑だ。

かりんちゃんはよく泣く。それ以上によく笑う。そして、よく話をする。ふたりで歩いていると、「かわいい!」と声をかけられる。そうすると、かりんちゃんはちょっとだけ相手を見つめてから、なんと表現していいのかわからない微笑を投げかける。そうすると見知らぬ人はころっとなってしまう。

その笑顔をすぐそばで見る私も思わず笑顔に。人間があまり好きでない私も、孫娘ふたりの笑顔を見ると、このごろは「ヒト」という「動物」もまんざらではないと思い始めている。

「いないいないばあ」とかくれんぼ

ヒトと動物の違いは、あかちゃんと、子イヌでも子ネコでもいいから、「いないいないばあ」をやってみるとわかる。子イヌも子ネコも、「いないいないばあ」に関係なくじゃれついてくるだろう。時には怖がって逃げてしまうこともある。

「ばあ!」とやった手の動きがおもしろくて、なめたり、小さな手足で触ろうとしたりするかもしれない。でも手で顔を隠しても、その存在が変わって見えているわけではない。

でもあかちゃんは、間違いなく笑う。その笑うタイミングも、両手で隠していたあなたの目が見えてから、極わずかだが時間差があるはずだ。渡辺真知子の歌ではないが、人間には「現在、過去、未来」がある。一方で、イヌやネコには時間としては現在だけが存在するのではないか。記憶はあるだろう。しかし、その記憶は時間軸のない記憶だ。

あかちゃんは今なかったものが、再び現れたことを認識して喜ぶ。言葉はわからなくても、発見することと時間の中で変化する物を見ることが楽しいのだろう。声をかける言葉は違うけど、世界中に「いないいないばあ」は存在している。

この「いないいないばあ」の延長線上に、「かくれんぼ」が「遊び」としてあるのではないだろうか。このかくれんぼも世界中のどこでも、時代を超えてあるようだ。ネコはネコ科の習性で、隠れておもちゃを狙って獲る。遊びでやっているように見えるが、まだネコに聞いてみたことがない。

また、私はワンちゃんに対し「いないいないばあ」の「ばあ」の部分をやることを知っている。かなり遠くからでもいいので、「ツゥ、ツゥ」と軽く舌打ちをすると、だいたいどんなイヌでも、私を見てくれる。イヌの聴覚はとんでもなくいいのだ。その後、相手にしてくれるかは、そのワンちゃん次第。でも、比較的人が好きで若いワンちゃんはしばらく私のほうを見ている。

「いないいないばあ」に戻そう。私は、いろんな場所で子どもたちに「いないいないばあ」をやる。スーパーでも、路上でも、電車の中でも。もちろん、いっしょにいるママやパパに、「いないいないばあ」をしていいですかと必ずたずねる。

一度だけ、親の許可を得ずに「いないいないばあ」をやったことがある。自宅から本八幡駅に向かうバスの中だった。私はバスの最後部の座席に座っていた。途中から一歳ぐらいの男の子を抱っこひもで抱っこしたお母さんが乗り込んできた。立ったままのお母さんに抱っこされた男の子はしきりにあたりを見回している。子どもを見ていた私と目が合った。見ている。確かに私を見ている。試しに「いないいないばあ」をやってみてから、手を振ってみた。

男の子はかすかに笑った。そして、小さなお手てを振ってくれた。お母さんは気づいていない。なんどかそれを繰り返すうちに、自分の目の前で両手の手のひらだけを斜めに揺らすように振る男の子にママは気づいた。そして、バスのはるか後方にいる私が手を同じように振っているのに気づいた。お母さんは会釈をしてくれた。

私も会釈を返しながら、声を出さずに「いい坊ちゃんですね？」と口を開き、指を一本立てた。「一歳ですか？」という意味だ。お母さんは、軽くうなずいた。たぶん、初めての子どもなのだろう。見ず知らずのおじさんが、バスの中で退屈気味の子どもの相手をしてくれたことがうれしかったようだ。

私が降りるひとつ前のバス停で降りる時に、お母さんはまた軽く会釈をしてくれた。男の子は私の方は見ないで、すでに入り口に集まる乗客を見つめていた。

かりんちゃんの涙

かりんは嫌なこと、自分の要求が言葉で通じないことなどがあると泣く。おっぱいをほしがった時も泣いていたはずだ。言葉がしゃべれない子どもにとって、泣くことは言葉であることは間違いない。

転んだ時は、よほど痛くないと泣かない。小児科などで診察を受ける時や、インフルエンザの検査などで痛い時は泣く。

でも、子どもが涙を流して泣くことと、「悲しみを知って」涙を流すことは同じではないのではと思い始めている。十七歳の多感な少女を主人公にした『悲しみよこんにちは』ではないけれど、悲しみという感情はかなり高度な人間的な感情なのではないだろうか。

姉のあかりが小学校に入った。かりんは保育園でひとりになった。寂しがると思ったら、意外と平気だった。保育園のゼロ歳児・一歳児クラスに新しい子どもたちが入ってきた。連れてきてくれたママたちがお支度をして帰る時になると、新入園児の子どもたちは一斉に泣く。かりんも一年前は大泣きをした。

でもママが必ず迎えにきてくれることを知っているかりんちゃんは泣かずに、泣いている新しいともだちを慰めていたのだという。

入園したばかりの子どもたちは親のいない環境に初めて直面して、大泣きしている。保育士の先生たちは手分けして、おんぶしたり、抱っこしたりして、なんとか落ち着かせようとする。かりんちゃんもいつものように抱っこしてもらいたいのだけど、自分より小さい子どものことを考えて我慢。部屋の片隅や、お昼寝の時に布団をかぶって声を出さずに泣いていたと、担任の先生が話をしてくれた。だから、「あかちゃん返り」があるかもしれないから、家で十分に抱っこしてあげてくださいとの伝言もあった。

悲しいけれど、自分より悲しい小さい子どものために我慢する。でも悲しいから、秘かに涙を流す。まだ子どもなのに、この感情は大人の人間のものだ。

子どもたちは大人が想像する以上に、精神的に早く発達をしていく。知的な発達のことではない。育ジージは孫たちの涙を見て、自分が子どもだった頃に悲しかったことを思い出してみよう。そして、加藤登紀子の「帰りたい帰れない」でも口ずさみながら、「悲しみ」を知りだした子どもたちの内面を想像してみよう。育ジージ離れしても、子どもたちが精神的に成長していくことに、不必要な干渉することなく付き合って行こう。

そうでないと、大きくなった時に、「大人はわかってくれない！」と突き放されるのが落ちだ。

育ジージが出動するのは、主に孫たちが病気になった時や、両親が忙しいので、孫たちが遊びに行くのを手伝う時ぐらいだろう。

あかりの初恋

でも、彼女や彼たちには自分たちが生活する保育園という社会がある。社会があれば、人間関係があり、子どもたちはその中で成長して行く。それは育ジージが知らない世界だ。そして、子どもたちはどんどん大きくなって行く。心も体も……。

あかりちゃんがゼロ歳から三歳まで通った保育園には残念ながら庭がなかった。だからせまいけどお庭があり、優しい先生たちがいっぱいの市立の保育園での三年間はとても楽しく、波瀾万丈だった。三歳から五歳児クラスまでの連絡帳を読んでみた。

健康でいるときには、子どもたちは圧倒的に長い時間を保育園で過ごす。連絡帳には保育園での体験ばかりでなく、家庭での成長ぶりも描かれている。四歳の誕生日を迎えた頃からの急速な成長ぶりは、育ジージの想像もできない世界だった。

四歳児クラスで二カ月ほど過ごした頃に、妹のかりんちゃんが誕生。病院へお見舞いにパパと行った時に、「ママといっしょにいたいよー」と大泣きしたあかりちゃんだけど、保育園に戻れば、鉄棒をくるくる回って全開モード。ママと妹が家に戻ると、おむつ交換を手伝ったり、すわって抱っこしようとしたり、お姉さんらしさを出す一方で、パパには甘えるだけ甘えた。ママと妹が産院で世話になっている時に、京都のバーバの「さーちゃん」が来てくれて、保育園の送迎と世話をしてくれた時もおりこうさんにしていた。

かりんちゃんを連れて、ママの礼子さんが保育園の送迎を開始した七月半ばには担任の先生に「あかりちゃんもあかちゃんに戻りたいな～」と話しかけ、上の子どもが必ず通るちょっぴりつらい道も経験している。

翌年二月には前歯がグラグラしてきた。礼子さんが「大人の歯になるんだね！」と言うと、「もうこれからあかちゃんごっこやらない！　大人になるんだもん」と頼もしい言葉が返ってきたとの記載がある。あかりちゃんは文字通り、どんどん大人になっていった。

あかりちゃんは恋をしていた。淡い恋心と言うよりも、「とにかく!!　私は将来Y君と結婚するんだから」とママの礼子さんにはっきりと言っている。Y君は一歳年上の男の子。だからいっしょのクラスにいたことはない。

保育園では年上の園児が、年下の小さな子どもたちといっしょに遊んであげたりする。だから、あかりはY君とはなんどか園庭で遊んでいるのだろう。

卒園式の予行練習で、彼の出番になると「手を口におさえ、目がハートキラキラのあかりちゃん」だったそうで、帰宅してから、「Y君、かっこよかったんだ～」とうっとりしていたという。

三月の保育園修了式では手作りの首輪を無事プレゼント。あかりが翌年通うはずの小学校とは別の学校にY君が行くことを知ると、彼女は自宅すぐそばの小学校には行かない。Y君と同じ学校に通うとママに豪語したそうだ。不可能なことではなかった。

ショックなことに、連絡帳を最近になって見るまで、私はこの恋物語をまったく知らなかった。私はY君の顔も名字も知らない。短くとも数カ月以上続いた話なのだろう。すでに一年以上経っている。

まあ、そのうちにどこかで「あかりちゃんのおじいちゃんですか?」とかっこいい少年が声をかけてくるかもしれない。それぐらいには、私は保育園の子どもたちに顔を覚えられている。

育ジージ離れは七歳から

「ついてこないで!」

マレー語で「森の人」と呼ばれるオランウータンは七年にひとりぐらいしか子どもを産まない。七年間、子どもはお母さんとふたりだけで樹上で暮らす。その間に、樹木になる木の実やどんな葉っぱが食べられるかを母親から学んでいく。食料の少ない森では親子ふたりが生きていくことは大変なのだ。

動物たちにとって生きることとは、食料をなんとか探し出すこと。生きるために食べる。食料が少ない熱帯林の樹上で、オランウータンのお母さんは大事な子どもがひとりで生きていくための食料確保を教えていく。

ヒトという動物はどうか。生きるために食料を生産するのはほぼヒトだけだ。分業という形で複雑な社会機構を意識的に整備しているのもヒトで、その中でヒトの子どもたちははたらいて生きていくことを学んでいかなければならない。

食べることは生きるためには絶対必要なことだが、それ以上にヒトは学んでいくことがいっぱいある。でもヒトは本能的に親が教え、本能の命ずるままに生きることだけを覚えていくのではなく、自ら生き方を選択し、自ら生き方を創造していくことができる。

オランウータンのあかちゃんが、独り立ちするのに七年がかかるのであれば、人間の子どもが独り立ちの手がかりをつかむのには、最低でも七年はかかるのではないだろうか。生きるための精神的な基礎教育ということでいえば、小学校二年生までは最低限の親の助けがいるはずだ。

子どもを助ける親たちを助けるために、育ジージが必要とされているとすれば、孫たちの育ジージ離れが始まるのは七歳ぐらいだろうと思う。子どもは親離れもしなければならないが、育ジージ離れもちょっぴり寂しいけれど、絶対に必要だと私は思っている。

その予兆のようなものを感じた。あかりが小学校の学童保育に通い始めた二日目の朝。母親は最初の日だけ学校まで送った。入学式はまだ一週間後のことだった。家が学校のすぐそばなので、二日目からは小学校まで、送って行かないことになっていた。ひとりで歩いて学校へ行っても、人通りが多いので危険はない。私は学童保育の行われる教室を見たかったので、「一緒について行きたい」とあかりちゃんに頼んだ。あかりちゃんは嫌がった。でも家を出る時になって、「行きたいなら行くわよ。ついてきなさい」と私に告げた。小学校の黄色い帽子がのった頭は前をむいたままだ。

家の前の信号を渡って、彼女は学校に向かって、歩道を一直線に早足で歩き始める。私のだらだらした歩き方では追いつかない。リュックを背負った背中を見ながら、二メートル以上離れて私はなんとかついて行った。

学校の校庭に、立派な柳が新緑の枝を長くたらしているのが見えると、あかりちゃんは後ろを振り向かずに、右方向を指差して「柳の木」と言う。そしてフェンスそばの木を指差して、「夏ミカンもあるの」と言う。「生徒に食べさせてくれるの?」と私が言うと「だめ」と答える。小学校の紹介をしてくれたようだ。すべて会話は前を向いたまま。つまり私の顔を見ないでしゃべった。

学校の入り口がわからなかったけど、彼女はすぐに思い出した。入り口で、保育園時代の友達に会う。なにしろ、すぐそばの保育園に通っていた友達が五人も同じ学童保育のクラスにいる。

娘さんを送ってきたらしい母親が自転車に乗りながら、「あかりちゃん!」と呼びかけてきた。

お母さんに連れられてくる子どもの姿もちらほら。確かに遠くから通う場合は、親が付き添う必要がある。校門のそばでも、何人もの友達と言葉を交わしている。

三日前まで、保育園でいっしょだった子どもたちが、そのまま学童保育の仲間になっている。教室に到着。事前説明会で自己紹介している先生の女性たちにあいさつ。あかりちゃんは私にさよならも言わずに学童教室の中へ。

先生に、今日はピアノに連れて行くので、三時四十五分ぐらいに迎えにきますと伝え、外遊びの始まる時間を聞く。そして、外遊びが始まると、動物園につれて行った時のように、「まだ帰らない」というのは確実なので、その前に来ますと伝えると、先生は最初意味がわからなかった。あかりは遊び始めると、「まだ帰らない！」というのが、当たり前になっていたことを、先生はもちろん知らない。

「あかりの育ジージ離れが始まっているようです」と伝えると、「早いですね」と同情してくれたようだ。「育ジージ」という言葉をどれぐらい理解してくれたかはわからない。「ジージ離れ」と聞こえたのかもしれない。

どうもあかりの成長は普通より二年ぐらい先を行っているから、今は九歳ぐらいの感じですと先生に伝えた。そばで聞いていたあかりちゃんは何か言ったが、内容を私は忘れてしまった。

この日、市川一帯のサクラは満開。青空が広がるさわやかな日だった。明日からは雨の予報だ。

あかりが育ジージの出動要請

あかりが小学校に入学して、学童保育を利用し始めて一月半。初めての運動会は前日の雨がすっかりあがり、晴天にめぐまれていた。パパもママも妹のかりんもいっしょにお弁当も食べた。あかりちゃんはご機嫌のはずだが、なんとなく疲れているようだった。私も自分の奥さんと一緒に運動会に行った。

その日の夜、七時すぎぐらいだった。礼子さんが私の携帯に電話をしてきた。「お父さん、明日のご都合は？」と尋ねられ、とっさに、「熱が出たの？」と聞いてしまった。あかりもかりんも校庭を走り回るなど、ふたりとも疲れはてているから、どちらかがダウンしたと思ったのだ。

違っていた。あかりが夕食後、明日は家でごろごろしたいと言い出したのだと言う。彼女の保育園時代に似たようなことがあり、ふたりで保育園をさぼって葛西臨海公園の水族館に行ったことがあったので、びっくりはしなかった。そこで、明日朝から行きますと伝えてから、ふと考えた。「これは一種の五月病では？」。五月病、新入社員や厳しい受験を突破して大学に入学した若者が落ち入るといわれる。

でもまだ若すぎると思ったが、こんな時にはのんびりするに限る。保育園が終わったと思ったら、翌日から学童保育。連休は京都の母方の祖父母のところに行った。私のような怠け者にはとてもできないスケジュールを、あかりは生まれてからこなしてきていた。

私はすぐに電話して、明日から私の家に一泊してはどうかと勧めた。あかりちゃんはそうしたいという。こんな場合にも、育ジージの出番があるのだ。自分の家に泊まってもらったほうが、料理もしやすい。家の前には広い公園もあるので、勝手に遊んでもらうにはとても便利なところなのだ。

翌日の朝八時前に家に行く。あかりちゃんはぶすっとしている。朝食は食べたという。疲れもあるようだが、だまって勉強机で何やら作業をしている。漢字の練習をやっているようだったが、私も疲れていたので、黙って畳の上に寝転がって、寝てしまった。九時半ごろに目が覚めた。

黙って勉強している彼女に「外に行く？　ジージの家に泊まる？」と聞くと笑顔がこぼれた。パジャマもいるし、着替えもと私が思ったそばから、自分で荷物をカバンに詰め始めた。「自分の枕もいるのでは？」と伝えるとピンクの枕にピンクのリボンを十字にかけ、肩に背負った。バッグにペットボトルを利用した鉛筆けずり、ドリル帳に本も何冊か詰め込んである。

もうルンルンだった。わたしの家に着いた。誰もいないのに、インターフォンを押してから「おじゃまします！」と大きな声を出して家に入った。びっくりしたのは、脱いだ靴をそろえて、玄関の片すみに置いたこと。自分の乱雑に置かれた靴をみて、ちょっとはずかしくなった。私はそのようなしつけを受けて来なかった。あるいはしつけられても無視していた。

私の家はマンションの四階にある。目の前には黒松公園という横長の公園がある。コンクリートの滑り台と、石とチェーンを埋め込んだ人工の山がある。その前には幼児と専業主婦のママさんたちが集う砂場がある。あとはネットクライムと呼ばれる鉄棒とチェーンを組み合わせたジャングルジムと、今では設置しているところが少なくなった回転ジャングルジムがあるだけのシンプルな公園だ。

だが、どういうわけか、この公園が子どもたちに人気がある。少子化というが、この公園は何十年にわたって、いつも子どもたちの笑い声でいっぱいになっている。子どもたちにとって、とても使い勝手がいいらしい。

公園を見て、あかりはさっさとひとりで家を出て、そこに行ってしまった。でもベランダから見ていればいい。洗濯物を干していると、ブランコを思い切ってこいでいる姿が見える。今日は月曜日だから、お母さんに連れられた小さな子ども以外の姿はない。ブランコの順番を待つこともない。

あかりの姿が見えなくなった。これは家に戻ってくるなと思って玄関を開けるとそこにいた。靴をそろえずに家に入ると、すぐ冷蔵庫に行き冷たい水を飲んだ。そして、また出て行った。次に戻った時には、今度は私を連れて行った。同年齢の子どもがいないので、ちょっとさびしいらしい。

ふたりで階段をおりて、マンションをぐるりと回って行くと、公園にワンちゃんがいた。やせたイングリッシュセッターのカリンちゃんだ。とてもおとなしく、砂場で遊ぶ小さな子どもたちがさわっても、しっぽをちょっとふるだけで動じない。

このワンちゃんは千葉の山に捨てられていた猟犬のようで、人間で言えばもうおばあさんの年だろう。保護団体のボランティアとして面倒をみていた飼い主の女性が、彼女を引き取った。子どもが何人もいる家庭なので、とても子どもになれている。ときどき、この公園に連れられてやってくる。

私はなんども会っていた。初めて会った時は、ほとんど反応してくれなかったが、最近ではゆっくりと鼻を私の顔にすりつけてくれるようになった。砂場で遊ぶ小さい子どもたちと、おしゃべりする母親たちのそばでしばらくワンちゃんの首と頭をなでていた。何の目的もない時間が過ぎて行った。

急におなかがすいてきた。あかりちゃんとふたりで近所の「銚子丸」という回転寿司に行った。あかりちゃんにとっては、生まれて初めてのはず。だが、彼女は冷たい水を飲んだ後、器用に粉茶をいれ、水を少し足してから美味しそうに飲んだ。どこで覚えたのだろう。

お寿司もタイ、マグロ、イサキと鉄火巻きを食べ、ついでにポテトフライと、デザートのアイスクリームを自分で頼んで食べた。とても堂々としていたので、私は安心してビールを二本も飲んでしまった。

昼食の後、公園で遊んでいたあかりが家にいる私を呼びにきた。午後になってすぐそばの小学校の授業が終わってから、ブランコ付近は女の子たちで大にぎわいなのを、ベランダから確認していた。すぐにあかりなら友達になるだろうと思った。なぜだか、「いっしょに来て」という。いつも「自分で」「自分が」という自立型の彼女にしては珍しい。

ふたりで公園に行くと公園の入り口で、あかりちゃんが私の右手を強く握ってきた。四歳ぐらいのときにお手てをつないで歩いたことはあるけど、びっくりした。

ブランコでは同じぐらいの年齢の女の子が六人以上遊んでいた。女の子たちに私が学年を聞くと三年生だという。「何年生？」とひとりの女の子が、私の後ろにいるあかりにたずねたのが、きっかけだった。まだ一年生で遠くの小学校に行っていると伝えると、あっという間に、すぐにいっしょに遊ぼうということになった。

あかりちゃんはどこででも、友達をすぐに見つけて仲良くなる特技を持っていた。動物園などで、自分で見ず知らずの子どもたちに声をかけて行くことをためらうことがなかった。体もその三年生のグループの中でも、大きいほうだった。でも、小学校に入学して、社会が急に広がったので、なにか不安な気持ちが出てきていたのだろうか。保育園とは違う世界に飛び出し、ためらいもあるのかもしれない。

そんなことを分析してみてもしようがない。育ジージは助けてほしい時に、助けになることができればいいのだ。それからは彼女たちの動きはめまぐるしい。どんな遊びをしているのか、私には理解できなかった。でも、公園を縦横無尽に走り回って、女の子たちと追いかけっこするあかりの顔は、ちょっと前にはよく見た笑いであふれた幼子の笑顔だった。子どもに戻って遊びたかったのだろう。まだ七歳なのだから。

適当なお散歩

適当なお散歩という意味がわかるだろうか。「家でごろごろしたい」と言って、私の家に泊まった翌日だった。この日の天気は薄曇り。私の奥さんが今日一日いるので、ちょっとは楽だ。

朝ご飯を食べさせた後、あかりはひとりで本を読んでいた。自分の家から三冊ぐらい持ってきている。突然、散歩に行くと、あかりちゃんは私を誘った。手には雨が降っていないのに、昨日持ってきた小さな傘を持っている。今日は雨の予報だったが、外に行くことに問題はない。ではどこへと尋ねると、「適当なお散歩をするの」という。「適当に」ではない。「適当な」お散歩だ。後ろをついて行く。傘を立ててから、傘が倒れた方向に歩いて行く。傘が道のない方向とか、後ろに倒れるとやり直し。

よく見ていると、ある程度は行きたい方向があるようで、何となく自分で言い訳をぶつぶつと言いながら、意識してか無意識なのか傘を微妙に行きたい方向に押しているようにも見える。

私の自宅近くを三十分以上歩き回った。コンビニ前で事実上のUターン。後戻りはしないはずだが、「適当な」お散歩だからルールなど構わない。ルールなど「適当な」のだ。それでも、最後は近くの「緑公園」に行くと言って、そこに向かった。傘を使うのはやめていた。公園のそばを通過していたので、道に迷うことはないのだ。

緑公園は黒松公園よりもはるかに小さいが、遊具が豊富。昨日も最後は小学三年生の女の子たちに初めて連れてきてもらい、午後五時を過ぎてひとりになっても、遊んでいた。今日は、昨日知り合った友達たちは学校に行っているのでいないが、ひとりで壁をよじ登る「クライム」という遊具が使いたいらしい。クライムには簡単なジャングルジムと滑り台がついている。

あかりはエネルギーがありあまっている。体も大きい。アメリカのお土産でTシャツを買う時に、サイズがわからなくて困ったが、ずばり五歳の年齢のサイズを買ってきて着せたら、五歳の彼女にぴったりだった。

エネルギーがあまって、まわりを壊したくなると怖いことを言っている。でも、体力を消耗すればいいというわけではない。

運動会の練習で疲れているので、ピアノの送迎時の先週、近くの広場で遊ぶのをやめさせるように母親に言われたが、あかりちゃんは遊びたいと広場を走り回った。体力を消費すればエネルギーがなくなるわけではない。自由に動き回ることで、精神的にもエネルギーを使わないと子どもたちは満足しないということなのだろう。

遊んだ後はのどがかわく。すぐ近くのファミマに行った。お茶を買ったけど、アイスクリームのようなお菓子を暑いから食べたいと言い、自分で食べたいチューブ状のアイスを買ってもらって、緑公園に戻る。これが彼女の言う「適当なお散歩」だった。

育ジージの任務は続く

息子からの電話

あかりが学童保育に通うようになってから、二週間目の日曜日の昼過ぎだった。普段はめったに電話をしてくることのない息子が電話をしてきた。

土曜日から妹のかりんが高い熱を出して、耳が痛いようなので、休日に開業している遠くの耳鼻科にきたところ、中耳炎だと言う。明日、月曜は面倒をみてもらいたい。火曜日は自分が休んで面倒をみるという。

翌日の月曜日朝七時すぎに、いつものように育ジージバッグを持って車で息子の家に行った。実は、それほど早く行く必要はないのだが、私には孫たちにも内緒の秘密がある。

育ジージで息子宅を訪問した半年ほど前だったと思う。息子宅から道を隔てたところにあるのり巻き屋さんに立ち寄る超特大のゴールデンレトリバーの姿に気がついた。ワンちゃんもどうも私に関心があるらしい。

私はイヌ大好き人間。狭い道を渡って近づいて行くと、そのワンちゃんは私に飛びついて、顔を舐めまくった。のり巻き屋さんの店員のおばさんたちの前ではおとなしくおすわりをしているのに、私には徹底的にじゃれつく。

おばさんたちも不思議そうな顔をしていたが、それ以来、そのワンちゃんは午前七時半に日課のようにやって来ると、いつも私がいた息子宅の入り口の方を見ているのだという。

名前をアレンという。早朝から開店しているのり巻き屋さんのおばさんたちに、無言で「アレンは来た?」と身振りで聞くと、店のガラスのドアー越しに両手で×マークをしている。どうもまだ来ていないらしい。もう行ってしまったのかもしれない。

でも、今は緊急事態。それを確かめる時間もないので、息子宅に入った。アレンちゃんにはなかなか会えない。でもイヌはいつまでも忘れないでいてくれるので大丈夫。数カ月ぶりに会った先々週の木曜日もふたりでじゃれあった。

さて、かりんちゃん。家族全員が起きていた。かりんちゃんはそれほど体調が悪そうではない。しかし、「あっかんべー」にもあまり反応がなかった。ひとり先に家を出る息子に、「火曜日もパパが面倒みるから」と伝えた。息子は今年三十六歳になる。会社ではそれなりの責任が出てきているはずだ。週の始めに一日休むのは、日本の会社人間としてはつらいところだろうと思ったからだ。通信社でカメラマンとして過ごした私も、それなりのサラリーマン生活をしているので、それぐらいはわかる。息子は無言でうなずき、家を出て行った。

私は息子に父親らしいことをしてあげたことはほとんどなかった。父親らしい言葉をかけたのは、一九八九年六月四日の天安門事件の後。自宅前にある長安街と三環路の陸橋部分に展開した人民解放軍の戦車を、自宅がある外交公寓の屋上から見せながら、「これが戦争だ。覚えておきなさい」と言ったぐらいだ。私は通信社の北京特派員として、家族と北京に住んでいた。

さて、話は戻って、息子の奥さんの礼子さん。保育園にかりんを送って行く必要がないので、三十分ほど時間的余裕ができた。私に中耳炎で耳が痛くなるとかりんは耳を押さえて泣くけど、痛みがおさまるまで待つしかないことを伝えると、コードレスの掃除機でリビングを掃除し始めた。ちょっとした時間に家事をこなすのが、ワーキングママの得意技だ。

かりんがうるさい音で、耳を痛めていたかしらないが、掃除機のモーター音がそれほど好きではなさそうだった。姉のあかりは同じ年の頃、掃除機の音を怖がって、前の家で掃除をすると嫌がって逃げ回っていたことをふと思い出した。子どもの耳は音には敏感なのだ。

掃除が終わると、私はかりんちゃんに、「お日様とダンス」と「こんにちは!ったら ラッタンタン」の二つのDVDから好きなものを選ばせて、パソコンで見せる。いずれも、Eテレの「いないいないばあっ!」の番組を編集したものだ。

かりんが座っていた椅子を礼子さんが引いたら、かりんちゃんが前に落ちて、鼻血が出るハプニングも。いつも座る椅子ではなかったのだった。転びなれているかりんちゃんだが当然泣いた。しかし、両手をついて、ダメージを最小限にしていた。

さて小学校に行く姉に続いて、ママも家を出ていく時間になった。ぐずるかりんちゃんをアパートの下の道路まで抱っこして行き、ママのお見送り。「いってらっしゃい」に近い弱い言葉をかりんちゃんは出してママを見送った。残るのは彼女と私だけ。とりあえずリビングに戻り、抱っこして体を揺する。何しろ、今日は機嫌が悪い。熱はまだ三十七度前半はある。寝てくれると助かるのだが……。

かりんちゃんは「不機嫌病」

月曜日、火曜日と彼女は終日不機嫌だった。眠りながら泣く。泣きつかれるまで寝ない。こんなに不機嫌なのは初めてだった。

もうすぐ二歳になるから、精神的にも自我が強くなって、わがままを言い出しているのかと思ったぐらいだった。「泣く子と地頭には勝てない」。封建時代の嫌な格言を思い出す。

火曜日の昼ご飯前は壮絶だった。三十分大声で泣き叫び、寝たと思ったら三時間は起きなかった。寝る前にちょっと食べて、牛乳もジュースも飲みたいと言って準備すると飲まない。すこし、水を飲んだと思ったら、また泣き出す。これを繰り返した。起きても機嫌が悪い。洋服を着たがらない。おむつもつけたがらない。耳が痛くて、体が熱いのかと思った。熱は逆に下がり始めていた。しかし、顔、股、おなかにかすかに小さなぷつぷつが出始めている。かりんちゃんは色白で、とてもきれいな肌をしているのですぐにわかる。帰宅した礼子さんに時間を追って詳細を話した。

翌日水曜日は小児科と耳鼻咽喉科に連続して行くために、礼子さんは会社を休んだ。やはり母親が直接、医師に話をしたほうがいいとの判断からだ。

その水曜日の朝七時に礼子さんから電話があった。「かりんは突発性発疹のようです」とのこと。昨晩からの発疹を朝また観察して突発性発疹だとわかった。姉のあかりも一歳ぐらいにかかっていた。

ヘルペス系のはしかのような病気で、必ずゼロ歳から一歳ぐらいにかかる。突然、三十九度台の高熱がでる。熱が下がりだすと、発疹が出てくるが問題はそこにはないのだ。

別名「不機嫌病」と言われ、熱が下がり、発疹が出ると人が変わったかのように機嫌が悪くなるという。初めて聞く病名だったので、「不機嫌病」でグーグルしてみた。

出てくる、出てくる。

「ずっと抱っこしていないとギャン泣き」

「なにか食べたいと訴えてくるので、手渡すと思いっきり投げる」

「何をしてもイヤイヤ」

「四時間ぐらい？　泣き叫んで、やっと疲れた様子」

「発疹が広がり、あかちゃんが別人のように不機嫌になります！」とのコメントのそばには、泣き叫ぶかわいいベビー服のあかちゃんのイラストまである。

「まさに地獄でした。ママのほうが泣きたいと何度思ったことか！」

「ただどんなに不機嫌なあかちゃんでも一週間もすれば元通りの笑顔をみせてくれます」「なぜあかちゃんが不機嫌になるのか、その理由ははっきりとはわかっていないようです」とまで言われると、私の場合はまだ寝てくれたからよかった。

いい経験をしたと思うしかない。でも、近所の人にはまるで幼児虐待をしているように聞こえるのではないかと心配ではあった。それぐらい泣き声がすごいのだ。

水曜日に育ジージはお休みをもらったけど、木曜日はまたまた「不機嫌病」とのお付き合いが続いた。ベッドでは寝ないので、気分をかえてもらうために、ベビー用の布団を敷いて添い寝したりしたが、あまり効果がない。これもかりんちゃんがジージに意地悪して大泣きしていると疑った報いと思い、声には出さずに「疑って悪かったね」と寝息を立てる彼女に謝った。

子どもの機嫌が悪いのは、身体的苦痛、不快があるからだということを、肝に銘じよう。抱っこしても、ぐずる。まるであかちゃんに戻ったようだった。言葉もしゃべらずに、発声するだけ。礼子さんにあかちゃん返りだから、優しくしてはと忠告したのは大間違いだった。

しゃべらないのも、しゃべるのがつらかったからだ。大人なら気持ちが悪いとか言葉で表現するのだろうが、子どもたちはなんと表現していいのかしゃべるべき単語を知らないから、奇妙な発声をしたのに違いない。

はたらくママへの伝言板

不機嫌病はその週の金曜日に最終段階を迎えていた。発疹はだいぶおさまり、機嫌もそれほど悪くなくなっていた。

中耳炎の治療も受けなければならない。母親とかりんちゃんをちょっと離れたところにある耳鼻咽喉科に連れて行った。その日の昼から姉あかりの小学校の初授業参観があったので、診察時間が遅れた場合に、かりんちゃんを私が自宅に連れて帰る必要があった。礼子さんは学校から会社に直行する。

耳鼻科は子どもにとって一番嫌な病院。鼻、耳、のどに必ず医療器具を入れられるからだ。かりんちゃんは当然だが泣いた。鼻から鼻水の吸引をされる間は泣きっぱなしだ。それでも母親がそばにいると、私のときよりも少しだけ泣き方が弱い。ママは姉の授業参観に行くために、病院を出て行った。

鼻とのどに器具をあて、気化した薬を吸引しているとき、「じゃあ」と後ろで言いかかった礼子さんを静止して、手で合図して送りだした。ママがいなくなるとわかったら泣いて、治療どころではなくなる。

翌週火曜日は保育園に迎えに行き、その足で再診を求められていた耳鼻科にふたりだけで行った。母親に連れられた子どもだらけだった。子どもたちは何となく不安なのだろうが、静かに母親のひざで抱っこされたり、そばにすわったりしておとなしくしている。

一方でかりんちゃんは育ジージにさかんに外に連れて行くようにうながす。不機嫌病も治り、すっかり遊びモードになっているのだ。待ち時間は三時間以上になるのが予想された。このまま病院内で待つのは不可能だ。何しろじっとしようとしない。病院の外に出た。広い歩道なので、車道に飛び出すことに気をつけていれば、大丈夫。かりんちゃんはすたすたと歩いて、まずはモダンなケーキ屋さんへ。ドアー越しに若い女子店員にしきりに手を振っている。ケーキを買いたいわけではない。かわいい制服姿の店員さんたちが気にいったらしい。

その後はファミマだ。中にひとりで入って行くと、おもちゃの形をした甘いお菓子にしきりに手を伸ばす。虫歯予防を第一にするために、母親は甘い物に手を出すのを事実上禁止している。育ジージといる時は、それこそ甘い態度を示すので、かなり勝手な行動をする。

ここが育ジージのふんばりどころ。おなかがすいているのを利用して、彼女をうまく誘導して、おいしそうなバジル入りのハムスティックを買わせるのに成功した。飲み物は緑茶をいつものように選んでくれた。ファミマで足台を借りて自分で手を洗い、歩道の脇に座って、かりんちゃんはぱくぱくとパンを食べた。

かりんちゃんは自分の意思をしっかりと持っている。嫌なことは嫌。ジージがやりたいことでも自分がやりたくなければ、明確に拒否する。おむつを替えようと言っても、洋服を着替えようと言っても、だめなときはだめなのだ。

そんな時、やむを得ないと思いながらも、私は「母の権威」を持ち出す。私は自由大好き人間なので、基本的に「権威」を振りかざすのが大嫌いだ。

でも、おむつを替えたがらなかったり、手を洗わなかったりした時に、ママが「おむつを替えなさい」と言っているよ。「お手てを洗いなさい」と言っているよーなどと、この「ママの権威」

を振りかざすのが意外に有効なのだ。もちろん、そばにママがいるわけではないことを子どもは知っている。一種の条件反射に近い。

母親はおっぱいを「あげる」、「あげない」で子どもたちの生殺与奪の権威を生まれた時から持っている。誰もが、大人になっても母親には弱いのは、その意識の刷り込みがあるためだろう。一方で、母から独立したいという願望を常に子どもたちは人間本来の願望として持っている。だから、子どもと母親は平等の立場になることはない。

私は伝家の宝刀「ママの権威」はめったに使わない。なんとか本人が納得するように話をする。

その日の夕方、外で遊んでいたらどうも臭い始めた。食べて飲んだからだろうか。ウンチをしている。さてどこでおむつを替えられるのか。かりんを抱っこして、近くの著名な量販店に行ったが、おむつを替えることのできるベビーコーナーはない。こんな量販店では私は絶対に買い物をしない。

しょうがないので、耳鼻科にならあるだろうと思って病院に戻る。ない。あるのは狭い空間に洋式トイレがあるだけだった。洗面台もない。困った。かりんを横にならせて、おむつを替えることができない。なんとか立たせたまま、交換できないだろうか。

困り果てた私に、ここで奇跡が起きる。かりんちゃんに、ここでしかおむつを替えることができない。トイレのふたの上に立ったままでいてほしいと伝えると、うなずいてくれた。

まずは　ズボンを脱がせて、床に置いたバッグの上にのせる。普段は着替えに非協力的なかりんちゃんがしっかりと、片足ずつあげて脱がせやすいようにしてくれる。すばやくおむつを降ろすと、幸いかたい大きなウンチだった。トイレットペーパーでくるみ、とりあえず床に置く。すこし、お尻についているウンチを、持参した「あかちゃんのおしりふき」でふく。

家に戻ってからシャワーを浴びてもらうから大丈夫と思い、新しいおむつをすぐに履いてもらう。びっくりしたことに、この時も、ズボンを履く時も、かりんちゃんは私の肩をつかんだままでしっかり片足ずつあげて、履かせやすいようにしてくれた。無言だった。自宅の畳の部屋でウンチの処理をするよりも早くできた。

緊急事態だったが、育ジージが「母の権威」を使う必要はなかった。かりんちゃんは自分のウンチをなんとかお尻からとりたかった。遊び続けるにはその必要があった。「必要」は文字通り「発明の母」だ。だとすれば、母の権威を押し付けて命令するのではなく、子どもたちが「なにが必要」と自分で考えつくような能力を育ジージは利用すればいい。

そう気づいてトイレの外にでると、まだまだ沢山の子どもたちがママのひざの上で静かに診察の順番を待っていた。だが、かりんちゃんは静かにソファに座っているタイプではない。道を隔てた薬局にある子どもスペースで遊び残したことがある。彼女はすぐに私の手を引っぱり外に飛び出した。

育ジージはママのおひざの安心感を与えることはできない。でも、育ジージといれば、子どもたちには、自分が主人公になれる自由があるのかもしれない。

自分発見の小さな旅

二年前の夏のちょっと前だった。あかりが髪を短く切った。彼女は髪を長くしたかったようだが、夏を前に水泳もあるしということで、ママが美容院に連れて行って、短くしたらしい。いつものように、ピアノ教室の送迎のため保育園に迎えに行った。髪を切ったのを知らなかったので、あかりが振り向いた時に、「あれ?」と思った。誰かに似ている。誰だろう。どこかで見た顔だった。すごく見慣れた親しい顔なのに、どうしても思い出せない。ピアノのレッスンの最中も、ドアーの厚い防音ガラス越しにあかりちゃんの顔を見ていた。誰だろう。息子ではない。どこかで会ったことのある子どもの顔だった。どこか遠いところで……。遠い昔に……。

その時、角度を変えてのぞいて見ていた黒い遮音ガラスに自分の顔がぼんやりと映った。保育園で見たなつかしい顔がそれだった。なつかしいはずだ。自分の顔なのだから。

自分の顔を自分で見る機会は朝、歯を磨く時ぐらいしかない。三次元の世界で自分の顔を見ることは不可能なのに、鏡に映った自分の顔を見る時には、時空を超えて自分の心を見つめながら見ている。ある意味で四次元の世界で自分を見ている。

あかりは息子似で、息子は私に似ていない。奥さんにそっくりなのだが、血はつながっているのでどこか似たところがあるのだろう。そして、私も幼い頃は純真な心を持ったかわいい坊やだったのかもしれない。この時から、私は孫ばかりでなく、子どもたちを見る時に自分はどんな子どもだったのだろうと想像するようになる。

「三つ子の魂百までも」という。ではあなたは自分がゼロ歳から三歳ぐらいまでの記憶がどのぐらいあるのだろうか？　残された写真や年老いた両親などの話ではない。後付けされた記憶ではなく、自分の脳裏にある記憶だ。育ジージになると、そのときの記憶がよみがえってくるから不思議だった。

保育園でおやつを食べるあかりを見つめながら、幼稚園に持って行ったお弁当を、炭で暖めた棚に入れたのを思い出した。保育園の運動会でリレーのアンカーをやったり、跳び箱をうまく飛び越えるあかりの姿を見て、運動神経が悪かった自分ができなかったつらさが胸をかすかに打ったりもした。私はふたりの孫娘以上におしゃべりだった。でもある意味でとても内気だった。雨の日には乾いた砂が多少ある木造校舎の片隅で黙って砂鉄ばかりを集めている暗さも持っていた。

私の母は仕事をしていた。それも銀座のど真ん中にオフィスがある『それいゆ』という当時は有名なファッション雑誌の編集をやっていたようだ。

幼稚園にはいつもひとりで歩いて行った。帰る頃、急に雨が振り出し、傘を持ってくるはずだった近所の幼稚園友達のお母さんがやってこないので、ひとりで雨の中を歩いて家まで帰ったこともあった。悲しいとは思わなかった。自立していた半面、ママと呼ぶ母には甘えていた。

小学校に入っても、おっぱいを吸っていた記憶がある。もちろん、おっぱいはでていない。

だから女性や母親が仕事を持つことは、私にとっては当たり前のことだった。そのことが幼い私にとって負担でなかったと言えば、当時はたらく女性が少なかったことを考えるとそうではないのかもしれない。私にとっての母の味は、銀座の不二家の御子様ランチだ。母の味が手作りだと誰が言ったのだろう。美味しい物を子どもに食べさせたいと思う心が母の味なのだ。

保育園や学童保育の現場で会う子どもたちのお母さんたちは当然、はたらいている。不幸にも母親を亡くした子どももいる。ママがいっしょにいてほしいと思う時も幼子にはあるだろう。だから変な言い方だが、保育園の子どもたちといっしょにいるとなんとなく幼い頃の自分を見るようで、親近感がわいてくる。

保育園に迎えに行くと、孫娘のクラスメートの男の子が「遊んでよ！」とばかりに、よく私のズボンをつかんでくる。保育士の先生が女性ばかりなので、男の大人は珍しいのかもしれない。肩車してあげようかと思うぐらいにかわいい。女の子たちは上手にあいさつしてくれる。

私の祖父は、父方も母方も私が誕生した時には亡くなっていた。だから、私はおじいちゃんと誰かを呼んだことがない。子どもたちが必要なのは母性ばかりではない。乱暴にあつかっても壊れないおもちゃが必要なように、乱暴にはしゃいで付き合える男の大人の存在が必要なのでは。

それにどんなに保育園が整備されて待機児童がいなくなっても、登園禁止は必ず子どもたちにやってくる。学童保育がどれほど充実しても、インフルエンザなどで学級閉鎖になれば学童保育を利用できないケースが多い。孫たちと育ジージ候補生が遠くに離れて住んでいるのは時代の流れだ。

そんなことを思った時に、育ジージ体験をみんなで共有して活用する「育ジージの五人組バウチャーシステム」という突拍子もないアイディアが浮かんできた……。

育ジージ活用計画

保育園に通う子どもたちは全国で約二百二十万人。この子どもたちの大半が、登園禁止を経験する。八十万人以上いる三歳未満の保育園児が病気で登園できなくなるのは日常茶飯事だ。特に母体の免疫が切れ、同時に外界との接触の機会が増える一歳から二歳は病気にかかりやすいことは、短い育ジージ体験からも知っている。両親が仕事を休めなければ、誰かが長時間子どもたちの面倒をみなければならない。

血は水よりも濃いのか？　ノーだ。人類はみなＤＮＡをたどっていくと、一人のアフリカ人女性に行き着くという。「人類みな兄弟」と競艇で大もうけしたおじさんが言っていたが、ある意味ではその通りだ。

孫でなければ、育ジージは世話をできないのか。確かに自分の生と死の延長線上に、子どもたちの生があると思うのはうれしい。一方、猿の世界で自分の遺伝子を守るために、他の雄の遺伝子を持つ子どもを殺すということが、インドでは日常茶飯事に起きている。

　でも、我々は人間だ。子どもに恵まれない夫婦がしっかりと里親になれるように、血を分けていない育ジージが存在してもおかしくない。ボランティアでは長続きしない。保育ママのような法的な資格はハードルが高すぎる。

　最近、都内の保育園で中高年の男性を保育員補助で雇用するところが出てきている。一方、仙台市には男性の「保育ママ」が、子どもの世話を有料で行っている。ただし、市の募集要項を見ると六十三歳までという年齢制限がある。

　私の育ジージ体験からわかるのは、病気の時に育ジージの出動が要請されるのはふたりの小さな孫がいたとして、年間二十日ぐらい。育ジージを専業とするのではなく、退職後不定期に月に五日間はたらくとして、年間では六十日ぐらいは出動できる。そうすると、四十日は自分の孫以外に育ジージ業務ができる余裕がある。育ジージが一万人いれば、年間四十万日、延べ四十万人分の病児保育ができる。

　しかし、長時間にわたり、肉親以外の孫の世話をするには訓練が必要だ。

　どんな訓練が可能なのだろうか。まずは、育児は妻に任せっぱなしの会社人間だった男たち向けに、育児の初歩的な講習会を開催してはどうだろうか。任意団体、地方自治体などが開催する「子育て」講演会が花盛り。でも育ジージの現場で必要なのは実践的な学習だ。

　プレママ、プレパパと呼ばれるひとたちへのマタニティー講習会への参加などは実習もあるから役に立つ。同じプログラムで育ジージ候補生の希望者を募って自治体が試しにやってみてはどうだろうか。

ざくっと、どれぐらい育ジージ候補生がいるのか考えてみる。保育園児は全国で約二百二十万人。このうち半数の母親はパートの仕事の女性で、子どもが登園禁止になった時に休めるとする。約百十万人に助けが必要。育ジージをこなせるだけの知力と体力を備えている祖父を近くに持つ子どもも同じく約半数ぐらいだろう。ざっと百万人の潜在的育ジージの一パーセントが育ジージを「やってもいい」と思うとすると一万人の「育ジージ」が誕生する。

信頼の五人組は可能か?

育ジージに必要なのは、育児のスキルだけではない。面倒をみる子どもたちの親の信頼感だ。その信頼感は、身近の隣人であったり、実際に孫の面倒をよくみているおじいちゃんであったり、様々な要素が組み合わされて形成される。

私はまずは、自分たちの孫の面倒を立派にみている育ジージをつなぐゆるやかな組織を作ることがいいのではと思っている。逆にいうと、現在育ジージをやっていない人は、組織された「育ジージ」になる資格がないということになる。

育ジージの現役がまずは、五人組のゆるやかな連絡網を組織する。なぜ五人組なのか尋ねられるとちょっと困るのだが、プライドの高い男たちはなかなかまとまらない。片手で数えられる五人ならなんとかなるだろう。五人を担当曜日ごとに、月、火、水、木、金と名前をつける。子どもたちのわかりやすいキャラクターを五人分そろえてもいいかもしれない。その五人組の中で、あわせて十人ぐらいの孫の面倒をみる。土曜日、日曜日は「ママ」、「パパ」が子どもの面倒をみるから、お休みとする。

当然のことながら、女の子を育てているママたちは、おじいさんとはいえ、見ず知らずの異性に大事な子どもを預けるのに躊躇するだろう。だから、まずは五人組の男女あわせた孫たちとママたちが合同で顔を合わせる機会を作る。

子どもたちは当然、週末以外は保育園に行っているから、土、日の午前中ぐらいしか時間はない。近くの公園で子どもたちが勝手に砂場遊びをしている間に、話し込んで人物評定をすればいい。ついでに「イクメン」候補生のパパも参加して、育ジージを男の目で判定してもいい。三回は必要ではないだろうか。

育ジージの選択権はママにある。だから、信頼できないと思ったり、相性が悪いと思ったりした場合には、拒否できる仕組みをなんとか考えればいい。

子どもたちの面倒をみるのは、育ジージの自宅でやる。息子娘の家ならともかく、他人の家に入って仕事をするのは大変だからだ。自宅で孫たちの面倒をみることもあるから、お昼寝の布団や幼児用の食器はあるはずだ。なんとかご飯を食べさせることぐらいはできるだろう。場合によっては、お弁当を作って持参してもらってもいい。

育ジージだって忙しい。孫が病気の日にゴルフの予定が入るかもしれない。そうしたら、五人組の誰かに「育ジージ」を依頼する。誰かひとりが、ハブになって調整をする必要があるかも。育ジージは自分の孫以外の子どもの面倒をみた場合には、バウチャー（利用券）をもらう。一回につき、一点とする。逆に自分の孫が仲間に面倒をみてもらった時には、バウチャーを支払う。時間計算でやると計算が面倒になる。

このバウチャーは、自分の孫の面倒をみてもらう場合に利用できることにする。バウチャーは一年経ったら、精算して不足分は現金で支払うシステムを考えだす。年間を通せば、バウチャーのでこぼこはそれほどないのでは。

場合によっては、自治体がバウチャーを現金で買い上げることで、報酬を支払うこともできるだろう。おじいちゃんにとっての副収入の道にもなる。裕福なおじいちゃんは、余ったバウチャーを一定額で自治体に買い上げてもらい、それをそのまま児童施設などに、寄付できるようにするのなら、児童福祉にも貢献できる。

また大事なお子さんを預かるのだから、しっかりとした研修体制と訓練は必要になる。小児科医の先生からのレクチャーや、地域の育児支援センターからの支援も必要となる。この部分は行政が援助できるところだ。事故の場合の責任をどうするのか法的に考えださなければならない。でも知恵を出し合えば、何とかなるというのが団塊の世代の底力。

要するに、子どもの命に別状ない段階でのお助けマンに徹するということで、あくまで救急隊員としての自覚を持てばいい。

この自然発生的に成立した五人組が全国に広がっていったら、バウチャーを利用した遠距離育ジージの交換システムも可能だ。ある地域と他の地域の五人組同士が、遠隔育ジージの交換システムで、相互に育ジージを派遣する。長期が無理であれば、育ジージが孫のところに来るまでの一日だけでも、面倒をみてあげればいい。

こんなことが実現するのか。やろうと思えばできる。それではたらくママたちと子どもたちの可能性が開けるなら、大票田になるかもしれない。やってみようと思う女性政治家が出てきたとしてもおかしくない。

でもそんなことを待っていてもしょうがない。私は今日も携帯電話を離さない。いつ「育ジージ」の出動要請があるかわからないのだから。

おしまい、おしまい。

菅谷洋司（すがや・ようじ）

1949年連合国軍占領下の日本・小樽生まれ。

早稲田大学高等学院在学中、米国ヴァージニア州にAFS奨学金で一年間留学。

早稲田大学政経学部入学。72年卒業、共同通信社写真部に入社。本社、那覇支局、名古屋支社などで報道カメラマン。

88年〜91年、北京支局特派員。天安門事件、戒厳令下のラサ、モンゴル民主化、独裁下のアルバニアなどを取材。

自衛隊初のカンボジアPKO、金日成の北朝鮮、崩壊したソ連、フセイン支配下のイラク、アパルトヘイト撤廃後初の南アフリカ総選挙、米国初の黒人大統領誕生など世界約60カ国で取材。

編集委員時代に「生の時・死の時」「メロディーとともに」など通年企画を９年間担当。動物連載企画「人間たちと生きて」を最後に退社。孫育てのかたわら、日本の子どもたちの日常生活と国際社会の接点に目を向けたジャーナリストの道を模索中。日本外国特派員協会正会員。

連絡先　sugayayoji@gmail.com

育ジージがやってくる——はたらくママたちへ

2016年9月16日　初版第1刷発行

著　者——菅谷洋司
発行者——稲川博久
発行所——東方出版（株）
〒543-0062　大阪市天王寺区逢阪2-3-2
Tel. 06-6779-9571　Fax. 06-6779-9573
装　幀——森本良成
印刷所——シナノ印刷（株）

乱丁・落丁はおとりかえいたします。

ISBN978-4-86249-266-1

フランス親子留学　おかっぱ頭の幼稚園体験記　西澤健次　1500円
親と子の自由研究　家の近くにこんな生き物!?　太田和良　1200円
関西地学の旅 子ども編　鉱物・化石探し　柴山元彦編著　1500円
夫の財布 妻の財布　今井美沙子　1500円
わたしでよかった　さよなら大腸ガン　今井美沙子　1500円
しゃれことば事典　相羽秋夫　1500円
三輪山の大物主神さま　大神神社監修・寺川真知夫原作　1200円
動物園まんだら　中川哲男　1600円
うみまーる　水の惑星の仲間たち　井上慎也　1900円

＊表示の値段は消費税を含まない本体価格です。